항상 처음처럼,
언제나 응원합니다

아직 끝이 아니다

아직 끝이 아니다

1판 1쇄 발행 | 2018년 4월 30일
2판 1쇄 발행 | 2023년 2월 15일

글 | 임지형
그림 | 이주미
감수 | 김연경
발행인 | 김성룡

교정 | 김은희
디자인 | 이동훈
펴낸곳 | 도서출판 가연
주소 | 서울시 마포구 월드컵북로 4길 77, 3층 (동교동, ANT빌딩)
구입문의 | 02-858-2217
팩스 | 02-858-2219

*이 책은 도서출판 가연이 저작권자와의 계약에 따라 발행한 것이므로 본사의 서면 허락 없이는 어떠한 형태나 수단으로도 이 책의 내용을 이용할 수 없습니다.
*잘못된 책은 구입하신 서점에서 교환해 드립니다.
*책 정가는 뒷표지에 있습니다.

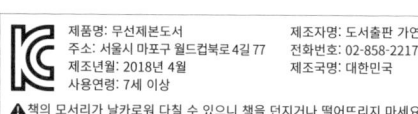

아직 끝이 아니다

글 **임지형**　그림 **이주미**
감수 **김연경**

가연

차 례

01 배구 하고 싶어 … 9

02 내 발로 들어선 지옥문 … 25

03 키만 클 수 있다면 … 39

04 좌절하지 않아 … 51

05 노력, 또 노력! … 63

06 연습은 배신하지 않는다 … 79

07 나는 김연경이야! … 95

08 내가 만들어 갈 길 … 109

09 세계 최정상을 향해 … 125

10 마지막까지 최선을! … 139

11 아직 끝이 아니다 … 155

배구 하고 싶어

내가 지금 어디어 있는지 생각하는 대신
어디에 있고 싶은지 생각하라.
_빈스 롬바르디(미식축구 헤드코치)

배구 하고 싶어

"이쪽, 이쪽으로 패스해!"

진석이가 힐끔 나를 한번 쳐다봤다. 그런 후 제 앞으로 달려오고 있는 상대편의 아이들을 봤다. 지금이 찬스였다.

"여기로 패스하라고 패쓰!"

난 다시 한 번 소리를 질렀다. 그러자 잠깐 주춤거리던 진석이가 힘껏 내 쪽으로 축구공을 찼다.

슈우웅.

공이 긴 포물선을 만들며 채 내 앞으로 날아왔다. 난 재빠르게 몸을 움직여 얼른 가슴으로 받았다.

퉁.

가슴에 한 번 맞은 공은 바닥에 사뿐히 떨어졌다. 딱 봐도 이건 골인 각이었다. 난 속으로 숫자를 셌다. 하나 둘 셋, 뻥! 세차게 찬 공은 이내 골키퍼가 막고 선 반대 방향으로 들어갔다.

"꼴! 꼴! 꼴인!"

"와아아아!"

골이 들어갔을 때의 짜릿함은 넣어 본 사람만이 안다. 난 두 팔을 벌린 채 제자리를 빙빙 돌았다. 찌릿찌릿. 기분이 엄청 좋았다. 우리 편 아이들도 가까이 있는 애들끼리 서로 어깨를 얼싸안고 방방 뛰었다. 좀 전에 공을 패스한 진석이는 막 달려와 하이파이브를 했다. 헤죽헤죽 웃음이 쉬지 않고 나왔다. 반면 상대팀의 얼굴은 거의 오징어였다. 내가 생각해 봐도 짜증이 날 만했다. 오늘만 해도 내가 벌써 두 골이나 넣었으니 말이다.

"형, 형! 저 형은 누구야? 왜 저렇게 축구를 잘해?"

그때 상대 쪽에 있는 제일 어린아이가 한 오빠에게 물었다. 처음 보는 아이였다.

"형? 어떤 형?"

"저 형! 금방 골 넣은 형 말이야."

아이가 내 쪽을 향해 손가락을 가리켰다. 누구? 나는 뒤를 돌아봤다. 내 옆엔 좀 전에 있었던 진석이도 없었다. 뭐야? 나?

"야, 바보야! 넌 쟤가 형으로 보이냐? 쟤 여자거든!"

"누나라고? 무슨 누나가 저렇게 축구를 잘해?

"난들 아냐? 아주 타고 났나 보지. 아이 씨, 연경이 쟨 무슨 여자애가 남자보다 축구를 더 잘해서 사람 짜증나게 만드냐. 아 놔, 이길 수 있었는데."

상대팀 아이들은 아주 대놓고 투덜거렸다. 실력 없는 게 무슨 자랑도 아닐 텐데 여자 남자 따져 가며 구시렁거렸다. 어이가 없어 속으론 피식, 웃음이 나왔다. 그런데, 그나저나 내가 그렇게 남자로 보이나? 난 목덜미가 드러난 내 커트머리를 만지며 말했다.

"야아, 나는 빠질 테니까 니들끼리 해."

시간을 보니 큰언니가 올 때쯤이었다.

"연경아, 가지 마. 너 없으면 우리 안 된다고."

진석이가 못 가게 막았다. 그러자 좀 전에 투덜거리던 상대편 아이가 한마디 보탰다.

"야, 간다는 애를 왜 붙잡냐? 그냥 가라고 해."

"니들 연경이랑 하면 또 질 것 같으니까 그렇지?"

"아니거든! 우리 쟤 있어도 이길 수 있어. 그럼 가지 말고 하든가."

상대 아이의 얼굴은 금세 붉으락푸르락해졌다. 자존심을 건드린 모양이었다.

아이들의 말싸움을 듣고 있자니 조금만 더 하고 갈까 하는 생각이 들었다. 하지만 오랜만에 오는 큰언니 얼굴이 떠올라 마음을 다잡았다.

"나 그냥 갈래. 너희나 더 해."

난 재빨리 운동장을 가로질러 뛰었다. 진석이는 등 뒤에서 계속 뭐라고 소리쳤다. 하지만 무시했다. 안 그럼 도로 달려갈 것 같았다.

난 축구면 축구, 야구면 야구, 공으로 하는 운동은 다 좋아한다. 그런 내가 그걸 마다하고 갈 땐? 그렇다. 여간해선 없는 일이다. 그만큼 큰언니가 빨리 보고 싶었다.

집에 도착하니 현관문이 잠기지 않은 채 닫혀 있었다. 나는 문을 열고 들어서며 소리쳤다.

"엄마! 큰언니는?"

신발을 벗으면서도 눈으로는 분주하게 큰언니를 찾았다. 엄마는 대답도 안 해 주고 가방만 싸고 있었다.

"엄마, 어디 가? 근데 큰언니는?"

나는 계속 큰언니를 찾아 두리번거리며 엄마에게로 갔다. 그제야 엄마는 대답했다.

"큰언니 오늘 못 온대나 봐. 그래서 엄마가 가려고 해."

"나도! 나도 가면 안 돼?"

"가긴 어딜 간다는 거야? 그냥 넌 집에 있어."

엄마는 계속 주섬주섬 물건을 챙기며 말했다.

"에잇, 이 여사님! 왜 그러셩? 나도 델꼬가앙. 응? 응?"

엄마에게 아쉬운 소리를 할 때나 꺼내 드는 필살기 애교에 엄마는 어이없다는 듯 쳐다보다가 피식 웃었다.

"하이고, 나 참 원. 얘가 누굴 닮아서 이렇게 능글맞나 몰라?"

"가도 돼? 가도 되는 거지? 아싸, 나도 간다."

그렇게 나는 엄마를 따라 큰언니의 학교로 갔다.

큰언니의 학교는 내가 다니는 학교보다 두 배는 더 큰 것 같았다. 나는 괜히 설레는 마음이 들어 차에서 내리자마자 휘휘 주변을 둘러봤다.

본관에서 조금 떨어진 곳에 체육관이 보였다. 우리 학교에선 볼 수 없는 체육관이었다. 아까보다 조금 더 가슴이 콩닥콩닥 뛰었다. 엄마는 그런 내가 보이는지 안 보이는지 상관없이 익숙한 걸음으로 곧바로 체육관으로 향했다.

체육관에 들어서자 큰언니가 저만치서 운동하는 모습이 보였다. 나는 반가운 마음에 엄마 팔을 붙들고 콩콩 뛰며 소리쳤다.

"언니다!"

하지만 아무도 우리 쪽을 돌아보지 않았다. 대신 연습하면서 내는 구호 소리와 코치님의 호루라기 소리, 체육관 중앙에 걸려 있는 네트 위로 넘기는 공들이 바닥에 떨어지는 소리만 요란했다.

"와, 멋있다."

난 마치 뭔가에 홀린 듯 멍하니 큰언니를 바라봤다. 집에서 보던 큰언니와는 완전 딴판이었다. 유니폼 차림에 공을 주고받는 큰언니가 엄청 멋져 보였다. 갑자기 내 몸이 근질근질하면서 당장이라도 뛰어가고 싶어졌다. 그때였다.

"아, 어머니! 오셨어요?"

우리를 발견한 코치님이 인사를 하며 다가왔다.

"저쪽에 선영이 어머니와 주은이 어머니도 와 계세요. 같이 가시죠."

코치님은 다른 엄마들이 있는 곳으로 우리를 데리고 갔다. 난 슬렁슬렁 뒤따라가며 연습 중인 언니들을 쳐다봤다.

"니가 혜경이 동생이지? 엄마들은 이야기 나누는데 넌 뭐 할래? 아, 넌 훈련 끝날 때까지 이 공 갖고 놀고 있을래?"

코치님은 카트에서 바람 빠진 배구공 하나를 내게 던졌다. 난 코치님이 준 공을 꼭 쥐어 봤다. 물컹한 건 아닌데 헐렁한 느낌이었다. 바닥에 던져 봐도 통통 튀지 않았다.

그래도 내 손 안에 배구공이 들려 있으니 기분이 좋았다.

팅 팅 팅.

바닥에 몇 번 공을 튕겨 봤다. 탄력이 없는 공은 팅 팅 소리를 내다가 데구루루 굴렀다. 튕기는 맛이 없는 공을 갖고 놀려니 자꾸만 언니들에게로 눈길이 갔다. 난 다리 사이에 공을 끼운 채, 큰언니가 연습하는 모양을 보고 따라했다. 금세 기분이 좋아졌다. 내친김에 큰언니뿐만 아니라 눈에 띄는 다른 언니들의 동작도 따라했다. 그러자 내가 언니들 같은 선수가 된 것 같았다.

얼마나 지났을까. 코치님이 선수들을 향해 외쳤다.

"훈련 끝났으니 얼른 정리하고 갑시다."

그걸 신호로 선수들뿐만 아니라 엄마들까지도 바닥에 떨어져 있는 공을 줍기 시작했다. 바닥에 나뒹굴던 공은 금세 중앙에 놓아 둔 배구공 보관함에 담겼다. 나도 부지런히 공을 주워 상자에 담았다. 그때 멀찍감치 떨어져 있던 감독님이 나를 불렀다.

"이 공 한번 받아 볼래?"

그러곤 순식간에 나를 향해 공을 던졌다. 화들짝 놀란

난 바로 배구공이 날아오는 방향으로 손을 뻗었다. 잠시 몸이 휘청거렸지만 배구공은 정확히 내 품 안에 들어왔다.

"오, 나이쓰! 제법 힘이 있는데?"

감독님이 날 보고 웃으며 엄지손가락을 치켜들었다. 난 얼떨떨한 얼굴로 감독님을 쳐다봤다. 감독님이 날 보고 다시 한 번 씨익 웃었다.

"배구 하고 싶니?"

난 어떻게 대답해야 좋을지 몰라 눈만 깜빡거렸다. 하지만 마음은 벌써 '네, 네, 네!' 소리치고 있었다.

"어디 보자. 그래, 배구 하고 싶으면 먼저 부모님한테 허락 맡고 와."

감독님은 그렇게 한마디 툭 내뱉곤 선수들이 있는 쪽으로 가 버렸다. 난 여전히 어리둥절한 얼굴로 멍하니 감독님 뒷모습만 바라봤다. 그때 엄마가 체육관 입구 쪽에서 나를 불렀다.

"연경아, 얼른 와. 빨리 가자."

엄마가 손을 들고 오라는 손짓을 했다. 얼른 가야 하는데 발길이 떨어지지 않았다. 방금 전에 감독님이 했던 말이 진짜일까? 다시 물어보고 싶은 맘이 굴뚝같았다. 하지만 엄마는 계속 오라는 손짓을 했다. 하는 수 없어 난 감독님 등만 몇 번을 돌아보다 엄마에게로 갔다.

"공은 갖다 놓고 와야지."

엄마가 내 품에 품고 있던 공을 가리켰다. 그제야 내가 공을 그대로 안고 온 걸 알았다. 나는 얼른 공 담아 두는

주머니가 있는 곳으로 갔다.

"제법 힘이 있네? 배구 배우고 싶으면 부모님께 허락 맡고 와."

아까 감독님한테 들었던 말이 다시 떠올랐다. 그러자 가슴 한가운데로 뜨거운 무언가가 화악 올라왔다. 진심으로 한 가지 생각만 났다.

'배구 하고 싶다.'

"너 요새 무슨 일 있어?"

짝꿍 현주가 내 팔을 툭 치며 말했다.

"아무 일 없는데."

"근데 왜 그래? 툭하면 멍하니 있잖아? 불러도 대답도 없고. 너 무슨 일 있는 거 맞지?"

현주 말에 난 대답하지 않았다. 말해 봤자 현주가 이해할까 싶었다.

"말해 봐. 너 분명히 뭔가 있어. 너처럼 한시도 가만히 안 있는 애가 갑자기 조용한데다가……. 세상에 한숨 쉬는 거 봐."

나는 현주 말에 픽, 소리 나게 웃었다. 하긴, 내가 봐도 내가 이상한데 현주 눈엔 오죽했을까.

"현주야, 너 알지? 우리 큰언니 배구 선수인 거. 저번에 엄마 따라 언니 학교에 갔었거든. 근데 와, 완전 울 언니 멋있더라."

"그래서?"

"그게……. 저번에 큰언니네 감독님이 그러는데 나더러 힘이 있다고, 배구 하고 싶음 부모님 허락 맡고 오라더라."

"참 너 저번에 남자애들이랑 축구했지?"

현주는 내 이야기를 듣다 말고 뜬금없는 질문을 했다.

"어. 근데 왜?"

"그때 우리 동생도 했는데 우리 동생이 집에 와서 뭐라는 줄 알아?"

"니 동생?"

"응. 자기가 어떤 형 같은 누나랑 축구했는데 엄청 잘한다고."

손가락으로 나를 가리키며 저 형 누구냐고 물어보던 그 아이였다.

"아, 그 꼬맹이가 니 동생이야? 근데?"

"근데 이야기를 듣다 보니 어쩐지 너 같았어. 이런 일만 봐도 넌 분명히 운동에 소질이 있는 것 같아. 그러니까 진짜 하고 싶으면 말해."

현주 말이 맞았다. 고민만 할 게 아니라 엄마한테 말을 해야 했다.

"우리 엄마가 허락해 줄까?"

"내가 그걸 어떻게 아냐? 하지만 네가 정말 하고 싶고 가고 싶음 말해야지."

나는 용기를 내기로 했다. 그리고 엄마에게 말할 것이다. 내가 있고 싶은 곳, 그곳은 배구 하는 체육관이라고.

내 발로 들어선 지옥문

두려움은 당신이 하는 모든 것들 중에
일부분일 뿐이다. 이 커다란 위험을 무릅쓴다면
당신은 큰 대가를 얻게 될 것이다.

_그레그 루가니스(다이빙 선수)

내 발로 들어선 지옥문

"엄마! 엄마! 헉헉."

난 현관문을 박차고 들어가 엄마를 불렀다. 헐레벌떡 뛰어온 탓에 숨이 턱에 찼다.

"왜? 뭔 일 있어?"

엄마는 싱크대 앞에서 배추를 절이고 있었다.

"엄마, 엄마!"

"왜 자꾸 불러. 왜?"

"나 전학 시켜 줘!"

"얘 봐, 밑도 끝도 없이 뭔 소리야? 갑자기 전학은 무슨 전학이야?"

엄마는 어이없다는 표정으로 날 쳐다봤다.

"나 배구 하고 싶어."

쇠뿔도 당긴 김에 빼라고 했다.

"뭐? 뭐를 하고 싶다고?"

"배구."

엄마가 허허 웃었다. 그러고는 대꾸할 가치도 없다는 듯 큰 함지박에 손으로 물을 흩뿌린 후 배추를 다독거렸다. 그리고 바로 설거지를 시작했다.

"엄마, 대답해 봐. 응? 응?"

엄마의 설거지 소리가 요란했다.

"엄마, 어머니, 어마마마! 제발요. 네? 이 딸 잘할 수 있어요. 감독님도 부모님한테 허락 맡고 오면 시켜 준다고 했단 말이에요."

나는 엄마가 가는 곳마다 따라다니며 계속 졸랐다. 그런데도 엄마는 그러거나 말거나 하던 일만 했다.

"아, 진짜. 엄마아! 뭐라고 대답 좀 해 봐!"

결국 내가 울음 섞인 목소리로 소릴 꽥 질렀다. 그제야 엄마가 나를 돌아봤다.

"시끄러우니까 숙제나 해. 없으면 차라리 나가 놀던가."

"엄마가 허락해 주면."

나도 끝까지 물러서지 않았다.

"막내야, 언니 힘들게 배구 하는 거 안 봤어? 그거 아무나 못 해. 그러니까 포기해."

엄마의 목소리가 조금 달라진 것 같았다.

"아니야. 나 진짜 잘할 수 있다니까요. 내가 언니보다 더 잘할 수 있어."

"됐으니까 그만하고 얼른 들어가 숙제해."

엄마는 다시 단호해졌다.

"엄마아!"

"나중에 얘기해. 나중에."

엄마는 더 이상 할 말이 없다는 듯 욕실로 들어갔다. 문이 쾅 하고 닫혔다. 내 심장도 철렁 내려앉는 것 같았다. 힘이 팍 빠졌다. 난 엄마가 욕실에서 나올 때까지 문 앞을 지키기로 했다. 어차피 이판사판이었다.

며칠 동안 틈만 나면 엄마를 졸랐다. 징징대기도 하고

진지하게 설득해 보려고도 했다. 하지만 엄마는 호락호락하지 않았다. 그래서 방향을 바꿔 아빠를 공략하기로 했다.

"안 돼! 글쎄 안 된다고! 네 언니 얼마나 힘든지 보고도 그래? 안 된다면 절대 안 돼!"

아빠의 반대도 단호했다. 내가 얼마나 배구를 원하는지, 얼마나 열심히 할지는 상관없었다. 그냥 무조건 안 된다는 말만 무한 반복했다.

"제발요. 저 진짜 잘할 수 있다니까요!"

옆에 있던 엄마도 고개를 절레절레 저었다.

"아빠, 한 번만 더 생각하면 안 돼요?"

"안 된다면 안 되는 줄 알고 공부나 해."

"아빠, 나 공부도 못하잖아! 어차피 공부도 못하는데 배구 해서 성공하면 더 낫잖아요!"

난 일부러 헤헤 웃으며 말했다.

"배구로 성공은 아무나 한대?"

"솔직히 그건 또 모를 일이네요."

웬일로 엄마가 내 편을 들어줬다. 기회는 이때다 싶어 얼른 한마디 더 보탰다.

"배구, 배구, 배구가 하고 싶다고요."

"안 돼! 안 되니까 그렇게 알아."

아빠는 찔러도 피 한 방울 안 나올 만큼 단호하고 냉정하게 말했다. 엄마는 내가 안타까워 보였는지 방으로 들어가라는 눈짓을 했다. 나는 뭐라고 한마디 더 할까 하다가 엄마의 눈짓을 보며 입을 다물었다. 그리고 일단 한 발 물러서기로 했다.

방으로 들어가서 구석에 처박아놓은 탱탱볼을 벽에 던졌다. 탕 탕 소리가 방 안에 울려 퍼졌다. 그 소리는 마치 '배구, 배구' 하는 것 같았다.

"아아, 배구 하고 싶다. 진심 아주 격하게 배구 하고 싶다아!"

울부짖듯 소리를 지르고 또 지르자 잠깐 속이 편해졌다. 하지만 그것도 얼마 못 갔다. 내 속에선 활화산이 타오르듯 배구 하고 싶다는 생각만 가득 찼다.

날이 갈수록 배구에 대한 열망이 들끓었다. 도저히 포기가 안 되었다. 나는 끈질기게 배구를 하고 싶다고 조르고 또 졸랐다. 그런데 내 열망의 원천인 큰언니가 배구를 그만두게 되었다. 그래도 나는 배구를 포기할 수 없었다.

오히려 더 적극적으로 배구를 하고 싶다고 졸라 댔다.

그러던 어느 날이었다. 학교 수업을 마치고 막 집으로 들어가자 엄마가 안방으로 불렀다.

"일단 시작하면 중간에 포기하지 않고 끝까지 할 자신 있어?"

이게 꿈이냐 생시냐. 나는 엄마 마음이 바뀔까, 엄마 말이 끝나기가 무섭게 대답했다.

"응! 아니, 네!"

"나중에 왜 안 말렸냐는 말도 하면 안 되는 거 알지?"

"네!"

"좋아, 그럼 한 번 해 봐. 배구."

"정말? 정말이지, 엄마! 꺄아! 됐다, 됐어!"

난 앉은 자리에서 벌떡 일어나 만세를 불렀다. 하늘을 뚫고 날아갈 것 같은 기분이었다. 몇 달 동안 조르고 조른 게 헛일이 아니었다.

"대신 아직 아빠는 허락 안 했으니까 조용히 엄마가 전학 수속 밟을 거야."

"아빠가 나중에 알면요?"

"그건 엄마가 알아서 할게. 그러니까 넌 엄마와 약속해."

엄마가 새끼손가락을 내 앞으로 쑥 내밀었다.

"끝까지 포기하지 말고 잘해. 알겠지?"

"네."

엄마의 허락은 사막에서 만난 오아시스 같았다. 그동안 가슴 한가운데 얹혔던 체기가 한순간 쑥 내려가면서 펄펄 날아갈 것 같았다.

그 후, 며칠 간 엄마는 아빠를 설득하는 눈치였다. 하지만 아빠는 완강했다. 엄마도 더는 설득시키기를 포기했는지 그냥 전학 수속을 해 버렸다.

"내 팔자는 맨 딸내미들 짐 싸서 내보는 것인 갑다. 운동복이랑 여유 있게 챙겼으니까 사물함에 두고 써."

배구부에 들어가게 허락한 엄마였지만, 서운한 마음이 들어서인지 표정이 좋지 않았다. 큰언니도 마찬가지였다.

"연경아, 너 각오 단단히 하고 가. 엄청 힘드니까."

"언니야, 걱정 마! 나 김연경이야. 나 한다면 한다니까. 깔깔깔."

"지금은 웃음이 나오겠지만, 너 진짜 지옥문을 네 발로 들어가는 거거든!"

큰언니는 안타까운 듯 이맛살을 찌푸렸다. 그래도 상관없었다. 지금 이 순간만큼은 지옥이 아니라 천국의 문을 열고 들어가는 기분이었으니까.

"자자, 주목! 이번에 들어온 신입이다. 인사해."

감독님의 간단한 소개가 끝나고 나는 꾸벅 인사를 한 뒤 찬찬히 앞을 바라봤다. 내 앞에 나보다 먼저 들어온 열 명의 선수들이 있었다. 다들 그간에 얼마나 열심히 했는지 얼굴이 까무잡잡하고 비쩍 말라 있었다. 이제부터 이들과 함께 운동을 한다고 생각하니 어쩐지 움츠러들었다. 무엇보다 나를 주눅 들게 한 건 하나 같이 다 키가 크다는 거였다. 지금까지는 내가 그렇게 작은 줄 몰랐는데 배구부에 들어오니 그게 아니었다.

"그럼. 먼저 운동장부터 돌고 와."

"어잇!"

감독님의 말이 떨어지기가 무섭게 선수들의 대답이 구

호로 돌아왔다. 그러곤 바로 두 줄로 서서 밖으로 나갈 준비를 했다. 설마 첫날부터 나도 뛰라고 하진 않겠지?

"연경이 넌 안 가고 뭐해?"

"저 저도 뛰어요?"

"그럼, 넌 배구 안 할 거야?"

감독님이 어이없다는 표정으로 얼른 가라는 손짓을 했다. 그제야 현실이 실감나게 다가왔다. 부지런히 뛰어 저만치 멀어져 있는 팀의 행렬 뒤로 섰다.

"핫 둘 핫 둘 셋 넷!"

제일 앞에 있는 6학년 조장 언니가 선창을 하면 뒤에 있는 선수들은 다 같이 따라 외쳤다. 한 바퀴, 두 바퀴, 세 바퀴, 네 바퀴……. 겨우 겨우 뒤를 따라 뛰었다. 턱까지 숨이 차오르고, 배도 아프고, 다리도 휘청거려 금방이라도 쓰러질 것 같았다.

"으어어어어허."

입속은 바짝 마르는데, 콧물은 자꾸만 흘렀다. 입에선 신음 소리가 저절로 흘러나오고 얼굴은 땀범벅이 되었다.

"핫 둘 핫 둘, 제대로 뛰어!"

운동장 가장 자리에서 호루라기만 부르고 있던 코치님은 똑바로 하라고 소리쳤다.

"이거 봐라, 이거 봐. 똑바로 안 달리나?"

하지만 내 귀엔 아무것도 들리지 않았다. 다리는 점점 감각이 없어졌고 급기야 땅 바닥에 발을 내딛을 때마다 내 다리인지 남의 다리인지 분간이 안 될 정도로 굳어 버렸다.

"똑바로 안 하나?"

코치님의 득달같은 고함 소리가 계속됐다. 맘이야 당연히 똑바로 하고 싶었다. 하지만 정말 내 몸인데도 내 맘대로 안 됐다. 열 바퀴 쯤 돌 때였다. 다리에 힘이 풀리는가 싶더니 삐끗했다.

퍽!

난 맨 끝자리에서 따라가다 운동장에 대자로 뻗었다. 뿌연 흙먼지와 땀, 그리고 눈물이 눈앞을 가렸다. 헛구역질이 나오기 시작했다.

"어서 안 일어나고 뭐하나?"

엎드려 있는 내 앞으로 코치님이 와 한 번 툭툭 쳤다.

그러곤 일으켜 세우지도 않고 일어날 때까지 가만히 있었다.

"쓰러질 수도 있다. 실수할 수도 있다. 그리고 질 수도 있다. 하지만 제일 중요한 건 그 다음 다시 일어나는 거다. 그러니 빨리 일어나 뛰어라!"

서운함에 눈물이 앞을 가렸지만 묘하게 오기가 생겼다. 난 벌떡 일어나 옷에 묻은 흙을 털고 다시 뛰고 있는 대열 뒤로 갔다. 그리고 뛰었다. 다리가 떨어져 나가는 것 같고, 팔도 제 멋대로 움직이고, 무엇보다 숨이 곧 넘어갈 것 같아도 뛰었다. 그제야 비로소 내 발로 지옥문으로 들어온 게 실감났다.

🏐 나는 특별한 재능이 있어서 여기까지 온 게 아니다. 그저 가슴 뛰는 일을 빨리 찾았고, 그것을 이루기 위해 열심히 노력하며 한결같은 마음으로 제자리를 떠나지 않았을 뿐이다.

키만 클 수 있다면

내가 선을 긋는 순간 나의 한계가 결정된다.

_심권호(레슬링 선수)

키만 클 수 있다면

"세터! 뛰어, 뛰어! 받아!"

배구장 안에 쩌렁쩌렁 울리는 감독님의 목소리에 맞춰 상대 진영에서 날아오는 공을 향해 힘껏 뛰었다. 정확히 내 손에 닿는 배구공의 무게.

퉁!

내 손에 닿았던 공은 겨우 네트를 넘어가는가 싶더니 툭 걸렸다.

"또 달라붙는다. 또!"

"어어 어."

감독님이 뭐라고 하자마자 내 몸은 균형을 잃고 휘청,

허깨비처럼 나뒹굴었다. 작고 마른 몸이라 달려온 속도를 이기지 못하고 벌어진 일이다.

"김연경! 일어나. 넌 잠깐 쉬어. 주영이 들어와."

감독님은 얄짤없었다. 바로 선수교체를 해 버렸다. 나는 잘하고 싶은 마음에 그런 거라 더 속이 상했다. 넘어지면서 쓸린 손바닥이 쑥쑥 아려 왔다.

"김연경, 넌 쉬면서 키 좀 크고 있어라!"

코치님은 농담이라고 한 건데, 눈물이 핑 돌았다. 쓸린 손바닥보다 바닥에 부딪혀 절뚝거리는 무릎보다 그 말이 더 아팠다. 누구는 안 크고 싶어 안 크나? 배구가 내 맘대로 안 되는 것도 서러운데. 지난 일 년을 악착같이 훈련해 왔다. 그런데도 난 늘 벤치 신세였다. 작다는 이유가 가장 컸다. 서러움은 나날이 커져 갔다. 크라는 키는 안 크면서 서러움은 매일 몇 센티씩 자랐다.

"연경아, 다친 데는 괜찮아?"

은희가 내 옆으로 와 앉으며 물었다.

"응. 괜찮아."

난 눈가를 쓱 닦은 후 아무렇지 않은 듯 웃어 보였다.

그게 내 자존심이었다.

"솔직히 넌 키가 좀 작아서 그렇지 실력은 훨씬 나아."

"그치? 그치?"

역시 은희는 내 맘을 잘 알았다. 난 그런 은희가 고마워 아까보다 더 활짝 웃어 보였다. 사실 은희도 키 때문에 나만큼이나 스트레스를 받곤 했다. 반에서 가장 커 배구부로 그냥 뽑혔는데 막상 배구부 애들은 더 컸기 때문이다. 은희와 난 동병상련이었다. 마음이 잘 통하게 된 것도 그 계기 때문이었다.

"난 왜 이렇게 키가 안 클까? 우리 엄마도 170이 넘고 우리 큰언니도 엄청 크거든? 우리 식구 중에서 나만 젤 작아. 음, 혹시?"

"혹시 뭐?"

"나 주워 왔을까? 다리 밑에서?"

"진짜? 하하하."

은희가 웃으며 내 팔을 툭툭 쳤다. 뭐 실없는 소리라는 건 나도 안다. 하지만 내가 오죽하면 이런 시답잖은 농담을 할까.

"나도 키만 크면 좋겠어. 아무리 작년보다 조금 더 크면 뭐해. 쟤들보단 늘 작은데."

은희는 코트에서 뛰고 있는 아이들을 가리켰다.

"우린 이번 체전에도 못 뛰겠지?"

우린 또 금세 우울 모드로 돌아갔다. 며칠 후면 소년체전에 나갈 주전 선수를 뽑는다는 말을 들었다. 은희는 대답하지 않은 채 앞만 쳐다봤다. 어쩌면 나와 같은 생각을 하고 있을지도 모른다.

"키만, 진짜 키만 컸으면 소원이 없겠어."

은희의 목소리에 힘이 하나도 없었다. 말끝에 서러움이 묻어났다.

"나도. 나도 키만 크면 정말 소원이 없겠다, 소원이."

우린 힘없이 번갈아 가며 한숨을 쉬었다. 배구는 무엇

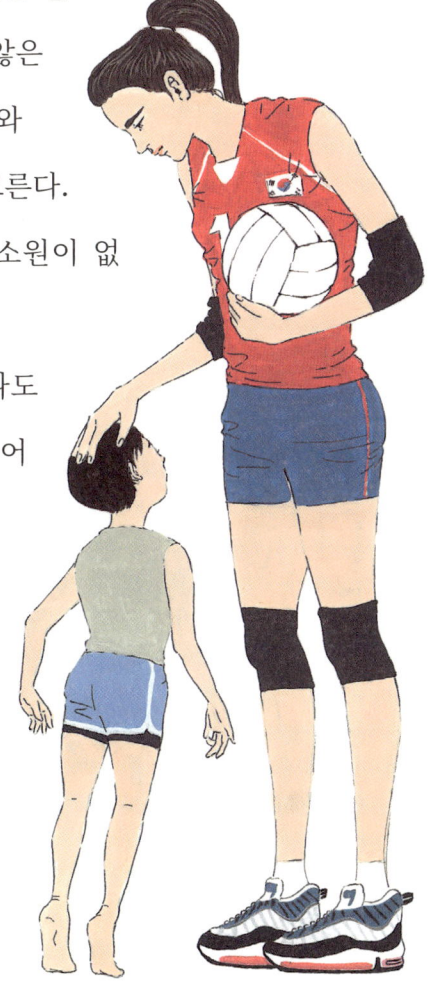

보다 키가 중요하다. 그러니 배구 선수가 작다는 건 치명적인 결함이다. 물론 리베로는 작은 키로도 가능하다. 하지만 정말 하고 싶은 포지션을 하려면 키는 기본으로 커야 한다. 그런데 둘 다 작으니 나오는 건 한숨 밖에 없었다.

"이번 소년체전에 나갈 주전 선수는 박영선, 오언주, 선미진, 김현자, 김주영, 주혜란이다. 오늘부턴 주전 선수들을 나머지 후보 선수들이 중점적으로 도와 가며 훈련한다. 이상!"

감독님은 전달사항만 전하고 바로 체육관을 나갔다.

주전 선수로 뽑힌 사람들은 기쁜 표정을 감추지 못했다. 반면 뽑히지 않은 사람들은 잔뜩 울상을 지었다. 그도 그럴 것이 훈련은 주전 선수나 벤치 선수나 같이한다. 아니, 오히려 주전 선수들을 위해 맞춤 훈련까지 해야 하니 벤치 선수가 두 배로 힘들다. 하지만 그렇게 훈련을 하는데도 경기는 뛰지 못하니 서러운 건 당연했다.

"아, 이번엔 제대로 훈련해서 메달 받아 보자."

"그래, 이제 곧 중학교도 가는데 이번 체전은 정말 중요해."

주전으로 뽑힌 언니들은 아주 신이 났다. 재잘재잘 대며 후보들은 아랑곳하지 않았다.

"연경아!"

그때 은희가 내 팔을 툭 쳤다.

"우리도 나중엔 분명 주전으로 뽑힐 거야. 알지?"

내 표정이 안 좋은 걸 보고 은희가 말했다. 그때였다.

"야, 꼬맹이들. 너희들은 빨리 빨리 공이나 가져와서 수비 보조나 해."

주전 선수로 뽑힌 한 언니가 큰소리로 외쳤다. 기분이 나빴지만 바로 튀어 갔다. 괜히 굼뜨게 행동했다가 기합을 받을 수도 있었다. 서러움이 목구멍까지 치고 올라왔다. 눈가에 열이 몰려들었다.

'키! 키만 크면 얼마나 좋을까?'

소년체전 준비로 2주 만에 집엘 갔다. 오래간만에 갔어도 엄마는 변함없이 삼겹살을 준비해 놓고 기다리고 있었다.

"연경아, 많이 먹어."

엄마는 고기가 구워지기만 하면 내 앞으로 바로 갖다 두었다. 내가 먹는 속도보다 엄마가 가져다 놓는 속도가 더 빨랐다. 노릇노릇 잘 익은 고기가 차곡차곡 쌓여 갔다. 그런데도 언니들이 먹으려고 하면 젓가락을 툭 쳤다.

"조금 있다가 먹어."

"아, 진짜 엄마 너무 하네. 연경이만 입이고 우리 주둥인가?"

급기야 작은 언니가 투덜거렸다.

"엄마, 언니들도 먹으라고 해!"

"괜찮아. 어서 너나 많이 먹어. 언니들은 클 만큼 컸잖아. 그러니까 막내 너나 어여 많이 먹어."

고기는 늘 넉넉했다. 그래도 엄마 맘은 그게 아니었던 모양이다. 아니 어쩌면 내가 '키 크고 싶다.'란 말을 입에 달고 다녀서 그런지도 모른다.

"그래도 그렇지. 엄마는 너무 차별해! 혹시 엄마 계모 아니야?"

"아나, 계모? 그래, 내가 너희 계모다. 됐냐?"

"아, 엄마."

엄마가 젓가락으로 언니 코를 살짝 집는 흉내를 냈다. 그러자 다들 깔깔대면서 웃었다. 난 입안에 있는 고기를 얼른 씹어 넘겼다. 그리고 엄마에게 물었다.

"엄마, 왜 나만 작아? 나 혹시 주워 왔어?"

"뭐라고? 넌 또 무슨 소리냐?"

엄마가 어이없다는 듯 눈을 치켜뜨고 물었다.

"아니, 엄마도 크고 언니들도 다 큰데 왜 나만 작아?"

"난 또 뭐라고. 너야 아직 덜 커서 그렇지. 조금만 기다려 봐. 분명 클 거야."

"언제?"

진짜 궁금했다. 난 언제쯤 커서 배구를 제대로 할 수 있을지. 한 번이라도 주전 선수로 뛸 수나 있을지. 중학교에 가서도 키가 안 크면 어떡할까? 생각만 해도 아찔하고 암담했다.

"너 아직 중학교도 안 갔어. 걱정 말어. 꼭 큰다니까."

엄마는 안심하라는 듯 등까지 토닥여 줬다. 하지만 믿을 수가 없었다. 이제 곧 6학년이고 좀 지나면 중학생인데, 내 키는 영 클 생각을 하지 않았다.

"엄마! 혹시 키 크는 약 있어?

"키 크는 약?"

"어, 나 키 크는 약 사 주면 안 돼?"

"아이고야, 그런 약이 어딨어."

"아니야. 엄마, 엄마가 한번 알아봐. 분명 키 크는 약 있을지도 몰라. 제발, 엄마! 나 키 좀 크게 키 크는 약 사 줘요. 네?"

진짜로 내 맘은 간절했다. 맘 같아선 무릎이라도 꿇고 엄마에게 빌고 싶었다. 그 대신 두 손을 모아 싹싹 빌었다. 그 모습을 본 엄마는 처음엔 웃다가 곧 웃음을 거뒀다. 내 표정이 여느 때보다 심각하다는 걸 눈치 챈 거다.

"그런 약이 어디 있겠어? 있기만 하면 엄마도 달러 빚이라도 내서 사 주겠다."

분명 엄마는 그러고도 남을 것이다. 문제는 그런 약이 없다는 거였다.

"그러지 말고 연경아, 일단 크려면 잘 먹어야 하니까 얼른 고기나 많이 먹어. 어서."

엄마는 아까보다 더 많은 고기를 내 앞으로 내밀었다.

난 더 이상 군소리 없이 입안 가득 고기를 넣고 꽉꽉 씹었다. 엄마 말대로 먹은 고기가 다 키로 가기를 간절히 빌면서.

제발 고기야, 고기야 키로 가거라!

좌절하지 않아

장애에 부딪혔을 때 절대로 포기하거나
돌아가지 마라. 타고 넘든가, 뚫고 지나가든가 어떻게
해서든 그것을 극복할 방법을 만들어내라.

_마이클 조던(농구 선수)

좌절하지 않아

중학생이 된 지도 벌써 2년이 지났다. 여전히 나는 키가 작았고, 훈련은 계속되었다. 아니 훈련은 예전보다 훨씬 많았다. 새벽과 오전, 오후 그리고 야간까지. 하루에 네 번의 훈련을 마치고 숙소로 돌아오면 유체이탈이라도 된 듯 몸과 맘이 따로 놀았다. 파김치가 된 몸으로 겨우 샤워만 마치고 자는 날의 반복이었다.

"오늘 점호 끝. 각자 취침 준비해라."

코치님의 점호가 끝나면 우린 바로 잠자리에 들 준비를 했다. 제일 먼저, 잠옷 대신 다음 날 입을 훈련복으로 갈아입었다. 그리고 머리맡에는 새 양말을 꺼내 놓았다. 눈

뜨자마자 양말만 신고 나가면 되게 말이다. 일분이라도 더 잘 수 있는 비결이 바로 중무장을 한 채 자는 거였다. 사실 이렇게 하는데도 잠자는 시간은 늘 터무니없이 짧게 느껴졌다.

찌르릉 찌르릉.

어김없이 새벽 5시 30분이 되자 알람이 울렸다.

"으으윽."

다들 일어나기 싫어 괴성을 질렀다. 그래도 늦장은 피우지 않았다. 조금이라도 늦으면 감독님의 불호령이 떨어졌기 때문이다. 나도 그게 무서워 눈 뜨면 바로 양말만 신고 나갔다.

아직 동도 트지 않은 새벽. 특히 겨울은 너무 힘들었다. 숙소 문을 열면 제일 먼저 반기는 것은 칠흑 같은 어둠과 칼날 같은 찬바람이었다.

"우와아. 오늘도 장난 아니네."

잔뜩 몸을 웅크린 은희가 말했다. 그러자 곧바로 그 말을 증명이라도 하듯 찬바람이 쏴아 불었다. 바람은 바늘로 콕콕 찌르듯 얼굴을 찔러 댔다. 온몸이 오소소 떨리면서 소름이 쫙 돋았다. 순간이지만 잠이 확 달아났다. 아직 힘이 들어가지 않은 다리는 자동으로 비척비척 운동장으로 향했다.

"자, 오늘은 가볍게 운동장 40바퀴 실시."

감독님은 늘 그렇듯 바로 뛰게 했다. 그게 제일 싫었다.

"으으윽! 아, 정말 싫어."

내가 투덜거리며 뒤쪽 줄로 갔다. 늘 키 큰 순서대로 섰기 때문에 나와 은희는 맨 뒤였다.

"한 바퀴! 실시."

호르르륵.

코치님의 호루라기 소리에 맞춰 구령을 외쳤다.

"하낫 둘 셋 넷. 하낫 둘 셋 넷."

한 바퀴, 두 바퀴 우린 계속 쉬지 않고 달렸다. 목표가 40바퀴니 한두 바퀴는 아무렇지도 않았다. 비로소 힘든 건 세 바퀴부터였다. 심장이 터질 것처럼 조여들었다. 입에선 쉴 새 없이 거친 숨소리가 나왔다.

"허어억, 허어억……."

운동은 참 신기했다. 매일 하는데도 맨날 힘들었다. 한 번도 더 나아지거나 수월한 적이 없었다.

'내가 미쳤지, 미쳤어. 무슨 영광을 보겠다고 배구를 한다고 했을까? 아이고 겁대가리 없는 김연경아.'

엄마와 친구들 앞에선 한 번도 후회한다는 말을 하지

않았지만 속으론 그렇지 않았다. 새벽에 잠깨자마자 달리다 보면 오만 생각이 다 들었다. 특히 한겨울은 정말이지 미칠 것 같았다. 한참을 달리고 달려야 땀이 흘렀다. 큰언니의 지옥문으로 들어간단 말이 자동으로 떠오를 수밖에 없었다.

"으악, 얼었어."

송글송글 맺혔던 땀방울은 눈썹과 눈썹 사이에 걸려 차갑게 얼었다. 그만큼 새벽 운동은 힘들었다. 하지만 그 보다 나를 더 힘들게 하는 건 다른 거였다. 바로 나의 미래였다.

'과연 나에게도 기회가 올까?'

한 번도 주전이 되지 못한 나는 늘 불안했다. 아무리 열심히 운동을 하고 체력을 길러도 벤치에 앉아 기다리는 교체 선수밖에 되지 않았다. 이제 곧 고등학생이 된다. 그때도 이 신세라면? 그 생각은 추운 겨울 새벽바람보다 내게 더 무섭게 다가왔다.

"연경아, 우리 만약에 고등학교 가서까지도 키가 안 크면 어떡하지?"

은희도 나와 비슷한 고민을 하고 있었다.

"……."

"저번에 고등학교에 들어간 진희 언니 있지? 그 언니 축구부로 전향했대."

"진희 언니가?"

"응. 그 언니도 키 때문에 매번 주전에서 밀렸잖아. 많이 불안했나 봐."

은희 말을 듣는데 머릿속이 하얘졌다. 어쩐지 진희 언니의 미래가 내 미래일 것 같았다.

"은아, 넌?"

"난 뭐? 어떻게 생각하냐구?"

"응."

"나도 불안하지. 계속 요모양인데."

"야, 그래도 넌 땜방이라도 있지. 난 땜방도 별로 없고만."

우린 체육관 갈 때마다 불안한 맘을 나눴다. 그래도 한바탕 수다를 떨고 나면 그나마 위안이 되었기 때문이다. 그러던 어느 날이었다. 몸이 안 바뀌면 마음을 먼저 바꾸라고, 체육관으로 가기 전 은희에게 나의 결심을 말했다.

"은아, 우리 키 탓만 하지 말고 다른 애들보다 더 연습해서 제대로 준비해 보자. 더 이상 키 탓만 하고 있기엔 우리 시간이 없어."

"좋아! 우리 힘내자. 아자, 아자!"

은희도 오랫동안 생각하고 있었던 것처럼 한쪽 손을 불끈 쥐고 내게 흔들어 보였다. 나는 힘이 났다. 그래, 함께할 친구도 있는데 뭐가 걱정이야? 난 은희를 보면서 더 힘을 내기로 결심했다.

사실 키 탓만 하고 있는 건 좋은 핑곗거리였다. 잘 못하면 무조건 키 때문이라고 말하면 되니까. 하지만 키가 작아도 잘하는 선수들은 꽤 있었다. 위대한 선수도 얼마든지 있었다. 그런데도 나는 오로지 키만 생각했다. 엄마에게 악착같이 멋진 배구 선수가 되겠다고 약속을 했는데 계속 신세한탄이나 하고 있었던 것이다.

결심을 하고 나자 내 눈에 제일 먼저 들어온 건 세터와 리베로였다. 세터는 우리 편 공격수들이 상대에게 강력한 스파이크를 때릴 수 있도록 토스해 주는 역할이다. 그래서 틈만 나면 우리 팀의 공격수들이 점프하는 타이밍을

지켜봤고, 좋아하는 높이와 코스를 연구했다. 리베로는 수비전담이다. 공격은 할 수 없지만, 상대의 서브나 스파이크를 안정적으로 받아서 세터에게 연결해 줘야 하는 중요한 역할이다. 세터나 리베로는 키가 크지 않은 내가 도전해 볼 만한 포지션이었다.

그날 이후부터였다.

쿵 쿵 쿵 쿵.

저녁 시간에 다른 아이들은 TV를 보며 쉬고 있을 때도, 난 체육관으로 가서 연습을 계속했다. 팀 훈련에서 부족한 부분은 혼자서 더 채워 넣었다. 스파이크로 벽에 공을 때리는 연습을 쉼 없이 했다. 그리고 튀어나오는 공을 다시 받는 리시브 연습도 하고 또 했다.

"뭐야? 또 너야?"

"앗, 깜짝이야. 감독님!"

한참 연습을 하느라 누가 온지도 몰랐는데 감독님이 등 뒤에 있었다.

"안 쉬어? 다른 아이들은 다 쉬는데."

"괜찮아요. 전 키가 작잖아요. 헤헤. 그러니까 두 배로 연습해야죠."

정말 난 그렇게 생각했다. 부족한 건 실력으로 채우고 싶었다.

"그래, 그 자세는 좋다. 배구에서 키가 중요하기는 하지만, 전부는 아니지. 잘하고 있어. 대견하다."

감독님이 내 등을 툭툭 치며 격려해 줬다. 그러고 나니 더 힘이 생겼다. 가슴에 뿌듯함이 가득 차올랐다.

"야, 연경아 그거 뭐야? 뭘 안고 자는 거야?"

막 자려고 누웠는데 우리 방 방장인 서진 언니가 물었다.

"비밀."

"아, 뭐냐고!"

성질 급한 서진 언니는 내 이불을 확 제쳤다. 그 바람에 내가 안고 있던 공이 툭 바닥에 떨어졌다.

"엥? 웬 배구공?"

서진 언니는 어이없다는 듯이 픽, 웃었다.

"언니, 이건 그냥 공이 아니라 나의 분신이야. 그러니까 단순히 공이라고 부르지 말아 줘. 공이 나고, 내가 곧 공이 될 거야. 우핫핫!"

난 배구공이 내 몸처럼 되게 하려고 자는 시간에도 공을 안고 잤다. 공을 만지고, 만져서 혼연일체가 되고 싶었다. 그런 날 서진 언니는 기가 막힌다는 표정으로 바라보았다.

"하여튼 지독하네. 아이구 우리 연경이 이렇게 열심인데."

"언니 나 대단하지 않아? 히히."

"키만 좀 컸으면……."

"우쒸! 언니!"

키 가지고 주눅 들지 않기로 했어도 그 말만 나오면 할 말이 없어졌다. 그 대신 늘 가슴에 이 한마디를 새기고 새겼다.

'두고 봐. 내가 꼭 세계 제일의 배구 선수가 될 테니까!'

노력, 또 노력!

고된 훈련 때문에 경기가 너무나도 쉬웠다.
그게 나의 비결이다. 그래서 나는 승리했다.

_나디아 코마네치(체조 선수)

노력, 또 노력!

'아, 공이 저렇게 들어올 때는 팔을 앞쪽으로 더 뻗어서 받아 올리는구나.'

경기를 지켜보면 유독 눈길을 끄는 선수들이 있었다. 난 벤치에 앉아 있을 때마다 그런 선수들을 눈이 빠지게 쳐다봤다. 그리고 끊임없이 생각했다. 나와 다른 점은 무엇이고, 내가 배워야 할 것은 무엇일까를.

'어? 속도를 줄였는데도 블로킹에 걸리지 않네? 어떻게 한 거지?'

그러다 지금까지 알고 있던 것과 다른 결과가 나오면 몸은 바로 반응했다. 벤치에서 벌떡 일어나, 방금 본 자세를 그대로 따라했다.

"야야, 앉아. 안 보여."

"아, 미안."

그럼 당연히 다른 쪽에서 보던 애들의 원성이 들린다. 그렇다고 가만히 있을 내가 아니었다. 난 앉아서라도 동작을 따라 해보았다. 설령 실전에서 그대로 되지 않더라도 몸이 기억하게 하려면 그러는 수밖에 없었다.

"서브 자세가 정말 안정적이네. 무릎 각도는 어느 정도지?"

"연경아, 이제 너 각도기도 준비해 가지고 다녀야 하는 거 아니야?"

"각도기는 왜?"

"무릎 각도 알고 싶다며?"

"아하, 난 또 뭔 소리라고. 히히. 은아, 진짜 각도기 가지고 다닐까? 그래서 잠깐만요, 각도 좀 잽시다. 이러면서 다닐까?"

"그럼 너 당장에 정신 나갔다는 소리 들을걸."

그러게 말이다. 굳이 은희 말이 아니어도 그럴 것 같긴 했다. 어떤 사람이 무릎 각도를 재자는데 멀쩡하게 볼까? 그렇다. 그만큼 나는 배구에 미쳐 있었다. 끊임없이 연구에 연구를 거듭했고, 훈련에 훈련을 거듭했다. 하지만 그러는 중에도 가끔 하나 마나 한 소리를 할 때가 있었다. 중학교 졸업을 목전에 둬서 더 그랬는지도 모르겠다.

"결국 주전 한 번 못 뛰어 보고 중학교를 졸업해야 하나 봐. 아무리 배구에 미쳐 있으면 뭐해? 이렇게 벤치 선수 신세인데."

"어어. 아후, 겨우 넘겼네!"

그나마 다행인 건 그럴 때마다 은희는 내 말을 듣지 않았다. 내가 신세한탄을 하든지 말든지 경기에만 집중했다.

나는 우울을 빨리 떨쳐 버리기 위해 응원에 열중했다.

"원곡중 파이팅!"

"아자 아자! 강스파이크! 그렇지, 토스. 잘한다. 원곡중! 홧팅!"

두려움이 커질 때마다 더 큰 목소리로 응원했다. 그렇게 응원하다 보면 온몸으로 힘이 쭉쭉 퍼져 나갔다. 물론 목소리는 갈라지고 목청도 아팠다. 하지만 내가 경기를 뛰는 것 같은 느낌이 드는데 목이 아픈 건 아무것도 아니었다. 그리고 무엇보다 응원이라도 열심히 하고 있으면 미래의 내 모습도 다르게 보였다. 어느새 난 경기장을 누비고 있는 최고의 배구 선수가 돼 있었다.

'그래! 어쩌겠어. 여기까지 왔는데. 버텨 보자. 버텨 봐.'

결국 나를 쓰러뜨리는 사람도 나였고, 일으키는 사람도 나였다. 믿을 사람은 나밖에 없었다. 중학교 졸업을 앞둔 난 하루하루가 불안했지만 그렇게 버텼다.

"김연경!"

하루는 세상 집중해서 경기를 보고 있는데 감독님이 불렀다. 난 재빨리 뛰어 감독님 앞으로 갔다. 리베로인 수현이가 부상을 당한 상황이었다.

"수현이 대신에 네가 리베로 자리로 들어가."

"네? 넵."

생각지도 않은 기회가 찾아와 깜짝 놀랐다. 물론 기분도 좋아 싱글싱글 웃었다. 그때 다리를 절룩거리며 나오던 수현이와 눈이 마주쳤다. 조금 미안했지만 어쩔 수 없었다. 나에게 찾아온 기회를 미안해하는 건 사치였다.

"자, 빨리 각자 위치로."

난 재빨리 코트 안으로 들어가 포지션대로 섰다. 가슴이 벌렁벌렁해질 정도로 흥분이 됐다. 간만에 주어진 기회를 통해 감독님께 가능성을 보여 주고 싶었다.

삐이이익.

심판의 호루라기 소리가 길게 울렸다. 상대팀 선수가 서브 넣는 자리로 갔다. 공을 들고 있는 손을 부지런히 놀리면서 서브 넣을 준비를 했다.

팡.

슈웅.

공이 우리 코트 오른쪽 후위로 날아왔다. 그 자리는 내가 있는 자리였다.

"마이!"

난 큰소리로 외친 후 바로 몸을 움직여 낮은 자세로 공을 받아 올렸다. 양 팔목에 닿는 공의 알싸한 통증은 온몸의 세포를 깨웠다. 비로소 내가 코트 위에 있다는 게 실감 났다. 심장은 아까보다 흥분해서 더 빠르게 뛰었다.

"좋아. 나이스 리시브! 세터!"

감독님의 환호성이 귓전을 때렸다. 배구공은 세터의 손을 거쳐 반 호흡 빠르게 뛴 왼쪽 공격수의 손에 정확히 맞았다.

텅!

상대는 블로킹 타이밍조차 잡지 못하고 무방비로 공격당했다.

삐익.

호각 소리와 함께 심판의 손은 우리 쪽으로 향했다. 우리 팀이 한 점을 따 냈다.

"우와아아!"

우린 기분 좋은 함성을 질렀다. 이보다 더 신나는 일이 있을까? 공은 우리 팀으로 넘어왔다. 바로 서브를 넣었다. 상대도 안정적으로 리시브 했고, 세터는 오른쪽 공격수에게 토스해 줬다.

"블로킹!"

'아! 아까 저 선수 블로킹을 직선으로 때렸지!'

난 벤치에 앉아 관찰했던 걸 떠올렸다. 속으로 지켜보고 있길 잘했다는 생각을 하면서 얼른 상대의 움직임에 따라 직선 코스 쪽으로 무게중심을 옮겼다.

팡!

무서운 속도로 공이 우리 코트로 내리 꽂혔다. 하지만 이미 계산을 마친 난 그 자리에 먼저 자리 잡고 있었다.

툭.

공은 다시 한 번 내 손에서 숨을 죽이고 우리 편 세터에게로 날아갔다. 세터는 상대 블로커의 타이밍을 뺏으려 뒤로 길게 토스했다. 그리고 넘어갔던 공은 바로 또 우리 쪽으로 넘어왔다. 그때 우리 팀 왼쪽 공격수가 살짝 힘을 줄여 상대의 빈 공간에 공을 때려 넣었다.

"우와아!"

연속 득점에 성공했다. 연속 득점은 선수들에게 자신감을 심어주기에 충분했다.

시간이 흐르면서 경기는 엎치락뒤치락 계속되었다. 체육관 조명 아래 터져 나오는 함성과 바닥에 신발이 마찰되면서 들리는 소리, 잠시라도 집중력을 흩뜨릴 수 없는 공의 속도까지 더해지자 잠자고 있던 세포가 살아나는 듯 기운이 났다.

"따라가!"

상대의 강스파이크가 우리 블로커 손에 걸려 왼쪽으로 크게 튕겨 나왔다. 저 공이 바닥에 닿으면 우리는 점수를 잃게 된다. 나는 힘껏 뛰어 앞으로 슬라이딩을 하며 손을

쭉 뻗었다. 바닥에 떨어지는 최후까지 공은 살아 있는 거였다.

통.

아슬아슬하게 공이 내 손등 위로 떨어졌다.

"우와아! 저, 저걸 살렸어!"

그 와중에 탄식의 소리가 어디선가 들렸다. 기분이 째졌다. 그런 맛에 어쩌면 배구를 한다는 생각이 들었다. 공이 오른쪽으로 가는 것이 보였다. 나는 다시 오른쪽으로 팔을 뻗었다. 간신히 공을 받아 올렸다.

"우와아아!"

내 수비에 체육관 안은 쩌렁쩌렁 함성이 울렸다. 우리 팀에게는 한 점이 추가되었다. 포기하지 않고 공을 따라가 받아 올린 덕이었다. 그동안 내가 준비하고 연습한 것이 헛되지 않았음이 증명된 순간이었다. 난 경기가 끝날 때까지 상대팀의 공격을 안정적으로 받아냈다. 곧 경기는 끝났고, 우리 팀은 승리했다. 온몸이 기쁨으로 넘쳐 났다. 난 사냥에 성공한 한 마리 짐승처럼 포효했다.

"우오오오오!"

경기가 끝난 후 우리 팀은 감독님을 사이에 두고 빙 둘러 모였다.

"좋아. 오늘 아주 잘했어. 앞으로도 오늘 만큼만 하면 경기는 이길 거다. 특히 레프트 정인이 아주 잘했어. 자, 오늘 경기는 끝났다. 해산."

난 혹시라도 내가 잘해서 이겼단 소리를 들을까 귀를 쫑긋하고 들었다가 실망만 했다. 결국 칭찬을 들은 건 공격수였다. 아무리 잘해도 공격에 비해 수비는 빛이 나지 않는다는 걸 알고 있으면서도 서운한 건 서운한 거였다. 그래서 나도 모르게 한마디 던졌다.

"우와. 감독님. 저도 오늘 완전 잘했거든요! 제가 오늘 수비 죽여줬는데요?"

"그래. 우리 연경이도 잘했다. 오늘은 수비도 좋았지."

감독님은 너털웃음을 터트렸다. 그 덕에 나도 웃었다. 뭐 셀프 칭찬이라고 해도 괜찮았다. 대신 속으로 또 한 번 결심했다. 공격수만큼 빛나는 플레이로 꼭 성공해 보이겠다고.

"어디 갔나 했더니……. 질린다. 너 또 여기 와 있어?"

저녁 휴식시간이었다. 체육관에서 공을 튕기고 있는데 등 뒤에서 누군가의 목소리가 들렸다. 은희였다. 남들 앞에서는 잘난 척, 아무렇지 않은 척하지만 키 때문에 한계가 느껴지면 무조건 체육관으로 갔다. 내 스스로가 초라하게 느껴질 때 연습만큼 좋은 보약은 없었기 때문이다.

"은아, 왜 나왔어?"

"왜 나오긴 왜 나왔겠냐? 너 찾으러 나왔다."

"나 찾아서 뭐하게?"

내가 씨익 웃으며 물었다.

"외롭고 쓸쓸한 연습벌레 김연경이랑 같이 훈련해 주려고 그런다."

"진짜?"

그러곤 바로 공을 내게 던졌다. 공을 받은 나도 얼른 은희에게 던졌다. 우린 주로 오버 핸드 토스와 언더 핸드 토스, 스파이크를 그렇게 연습했다. 혼자가 아니라 외롭지 않고 든든했다.

한참 연습한 후 우리는 나란히 체육관 벽에 기대앉았다.

"리시브는 확실히 우리 같이 작은 사람이 유리한 것 같아. 그리고 따지고 보면 리시브는 수비임과 동시에 공격의 시작이잖아? 이게 우리 무기가 될 거야."

무심코 은희가 연습하다 깨달은 걸 말했다. 그 말을 듣는데 그냥 앉아 있을 수 없었다. 나는 얼른 벌떡 일어났다.

"은아, 네 말이 맞는 것 같아. 이제 난 거기에 공격 연습도 할 거야. 언젠가는 내가 공격수를 하게 될지도 모르잖아? 실력, 실력이 중요하다니까!"

그랬다. 난 어떤 포지션이 와도 해낼 수 있을 만큼 실력을 키우고 싶었다.

"좋아. 네 꿈은 내가 응원할게. 나도 열심히 할 테니 내 꿈은 네가 응원해 줘."

우린 서로에게 실력만이 살아남는 법이라는 걸 시시때때로 깨우쳐 줬다.

연습은 배신하지 않는다

**혼신의 노력은 결코 배반당하지 않는다.
평범한 노력은 노력이 아니다.**

_이승엽(야구 선수)

연습은 배신하지 않는다

고등학교 1학년 2학기 무렵이었다. 온갖 짓을 다해도 크지 않던 키가 자라기 시작했다. 자라는 속도가 무서울 정도로 쑥쑥 컸다. 자고 일어나면 자랐고, 자고 일어나면 또 자라 있었다. 대나무 중에서 계속 안 크다가 클 때 한꺼번에 크는 대나무가 있다는데 내가 딱 그 대나무 같았다. 하루하루 겁날 정도로 크더니, 내 키는 어느새 1미터 88센티가 되었다.

키가 커지자 출전 기회가 늘었다. 결국 그렇게 바라고 바라던 주전이 되었다. 늘 리베로나 세터를 했던 교체 선수가 드디어 레프트 포지션을 맡게 된 거다. 그 기분은 말로 다 할 수 없었다. 세상을 다 얻은 것 같았다.

감독님이 주전 선수로 지명한 날, 제일 먼저 엄마에게 전화를 했다.

"엄마, 엄마!"

난 숨이 넘어갈 정도로 흥분해 엄마를 불렀다.

"어째? 엄마 여기 있으니까 천천히 얘기해."

"엄마, 엄마. 나 드디어 주전이 됐어."

"정말이냐? 아이고, 세상에 잘했다 잘했어. 아이고, 막내야. 장하다. 기특하다. 이제 네 맘대로 맘껏 코트를 누벼 봐. 알았지?"

그 누구보다 내 맘고생을 아는 엄마라 엄청 기뻐했다.

"엄마, 기다려 봐. 내가 아주 끝내주게 할 테니까. 알겠지?"

기쁜 소식을 전하고 나자 힘이 불끈 솟았다. 엄마 말대로 코트를 마음껏 누비는 모습을 반드시 보여 주고 싶었다. 그러기 위해선 이전보다 더 열심히 개인 훈련이 필요했다. 혼자 연습할 시간은 주로 쉬는 시간이나 야간 훈련 후였다. 잠만 좀 없으면 새벽에 하면 딱 좋은데, 원체 잠이 많은 난 잘 못 일어났다. 그래서 틈새 시간을 공략했다. 훈련 방식도 달라졌다. 이전엔 리시브와 토스, 서브가 중심이었다면 이제부터는 강하고 정확한 공격 스파이크 훈련에 무게를 더 두었다.

키가 작을 땐 수비 자세를 반복적으로 했다면, 키가 크고 나서는 공격 자세를 연습했다. 뛰고 때리고, 또 뛰고 때리고 매일같이 같은 동작을 반복했다. 그렇게 피나는 연습을 죽어라 하자 확실히 많은 게 달라졌다. 그건 곧 경기에서 드러났다. 어느새 난 수비와 공격을 겸하는 특별한 선수가 되어 있었다.

시합이 끝난 후 다들 모인 자리였다. 감독님이 내 이름을 크게 불렀다

"김연경!"

"네!"

"이번 경기 아주 잘했어. 연경이 네 공이 컸다. 수고했어."

감독님이 대놓고 칭찬을 해 주었다. 기분이 이상했다. 아니다. 이상하다기보다 어쩐지 부끄럽고 쑥스러웠다. 칭

찬도 받아 본 사람이 받는 모양이었다. 여태 한 번도 경기 후에 칭찬 받은 경험이 없어서인지 얼떨떨하기만 했다.

그날 밤, 잠자리에 누웠을 때였다. 평소와 달리 금방 잠이 오지 않았다. 오히려 정신이 점점 더 맑아졌다. 그러다 보니 생각이 많아졌다. 그날 했던 경기가 하나씩 떠오르기 시작했다. 서브 할 때의 모습이 떠오르는가 하더니 내가 했던 모든 것들이 다 떠올랐다.

'그래, 아까 토스 올라왔을 때 욕심 부리느라 어깨에 너무 힘을 줬어. 조금만 힘을 뺐으면 좋았을 거야.'

지금까지는 다른 사람의 경기를 보고 분석을 했는데 이젠 내 경기를 분석하게 됐다. 무엇을 특별히 잘했는지, 또 어떤 실책을 했는지 하나씩 짚어 봤다.

"다음 경기에서 서브 할 때는 네트를 살짝 넘길 정도로 낮게 해봐야겠다."

난 생각하다 말고 혼자 중얼중얼거렸다. 그러다 문득 웃음이 났다. 이건 뭐 딱 미친 여자 같았다. 누가 안 봐서 다행이지 보기라도 하면 손가락질할 것 같았다. 하지만 그래도 괜찮았다. 배구를 위해서라면 뭐라고 불려도 상관

없었다. 지금껏 배구에 미쳐 살았으니 미친 사람이라 불리면 오히려 영광이었다.

그 생각까지 하고 나니 그간의 일들까지 하나씩 떠오르기 시작했다. 작은 키가 약점인지라 수비에 집중했던 시간들. 새벽이고 야간이고 오로지 키가 아닌 실력으로 승부해야 한단 생각으로 수없이 냈던 상처들.

"아. 진짜. 내가 생각해도 나 정말 기특하네. 잘했다, 연경아. 잘했어."

코끝이 달아오르며 눈물이 삐죽 솟았다. 하지만 곧 너털웃음을 지으며 털어 냈다. 난 눈물보다는 웃음이 어울리니까. 가만히 두 팔로 나를 감싸 안았다. 지금까지 잘 버텨온 나를 안아 줬다. 포기하지 않고 약점을 강점으로 만든 나를 칭찬해 줬다. 그날 밤은 내가 더 없이 기특했다.

한계라고 여겼던 지점을 넘어서고 나니 새로운 길이 열렸다. 2005년 11월, 아직 고등학생인데도 불구하고 난 성인 국가 대표 팀에 발탁되었다. 그리고 바로 월드그랜드 챔피언스 컵 대회에 출전했다.

"이번 경기는 굉장히 중요하다. 너희들이 프로팀으로 갈 수 있는 기회가 될 수 있으니 충분히 실력을 발휘하도록."

프로팀에서 선수들을 기용하는 건 주로 경기를 보고 나서이다. 그걸 알고 있었기에 최선을 다해 경기를 뛰었다. 결과로 공격득점 3위를 했다.

"축하한다. 김연경. 너 아주 물 만났다."

같은 팀원들이 돌아가며 칭찬을 해 줬다. 그건 다른 그 무엇보다 기분 좋은 일이었다. 배구는 혼자 하는 게임이 아닌 팀 게임이다. 그래서 혼자만 잘한다고 이기는 게 아니다. 하지만 개인의 성과도 분명 중요했다. 팀원들은 그걸 칭찬했던 거다. 동료들의 칭찬은 내게 날로 자신감을 심어 주기에 충분했다.

"연경이, 연경이 어딨어?"

수업이 끝나고 잠깐 숙소에 들렀을 때였다. 코치님의 목소리가 쩌렁쩌렁 울렸다.

"코치님, 왜요?"

"어. 거기 있었냐? 감독님이 잠깐 사무실로 오라신다."

"왜요?"

특별히 부를 일이 없는데 이상했다.

"그건 가 보면 알겠지. 어서 와."

코치님이 앞장서서 사무실로 향했다. 더 물어보고 말 것도 없었다. 나도 그 뒤를 바로 따라갔다.

사무실엔 감독님 외에 못 보던 얼굴이 있었다.

"인사해라. 흥국생명 황 감독님이시다."

"네? 아, 네. 안녕하세요. 김연경입니다."

느닷없이 나타난 흥국생명 황 감독님 때문에 어리둥절했다. 영문을 모르니 그저 감독님 얼굴만 빤히 쳐다봤다.

"이번 월드그랜드 챔피언스 컵 아주 잘 뛰던데?"

"네? 아, 네. 감사합니다."

"김연경, 너 이번에 프로팀으로 들어가는 거 어떠냐?"

"네? 프 프로팀이요?"

이게 무슨 소리지? 지금 내게 프로라고 하는 거야? 난 휘둥그레진 눈으로 두 감독님들을 번갈아 쳐다봤다. 감독

님은 황 감독님이 온 이유를 차근차근 설명하기 시작했다.

"2005~6년 V리그 신인 드래프트에서 흥국생명이 전체 1순위 지명권을 얻어서 널 보러 오셨단다."

"너 같은 신예는 본 적이 없다. 너 정도라면 우리 팀을 1위로 이끌 거라는 확신이 섰기 때문에 네가 와 줬으면 좋겠다."

황 감독님의 제안에 가슴이 마구 뛰었다. 하지만 나 혼자 섣불리 결정할 일이 아니었다. 난 일단 대답을 미룬 채 밖으로 나왔다. 어차피 결정은 부모님과 상의 후에 내릴 것이었다.

일은 생각보다 빨리 진행이 되었다. 부모님과 충분히 상의한 끝에 곧 흥국생명으로 입단했다. 내내 학교에서만 활동하다가 프로로 입단하니 압박감이 엄청 났다. 하지만 난 모든 경기 일정을 소화해 내며 프로 선수로서의 첫해를 멋지게 해냈다.

"아, 김연경 선수. 서브 넣습니다. 아, 서브로 한 점을 먹네요. 김연경 선수는 수비와 공격을 겸비한 정말 우리나라에서 보기 드문 독보적인 선수입니다. 앞으로 정말이지 기대가 되는데요. 오늘 경기도 흥미진진합니다."

경기를 끝내고 녹화된 방송을 보면 주로 날 두고 이런 말을 했다. 신문 기사도 마찬가지였다.

'17세. 그녀 손에 코트가 춤춘다.'

'무서운 새내기. 김연경 전성시대!'

'흥국생명 17세 신인 김연경, 우승 다툼 핵심'

'김연경 최고 득점 상 노린다.'

어느새 난 많은 사람들의 기대주가 되었다. 난 그 기대에 부응하기 위해서라도 더 열심히 했다. 어떻게 찾아온 기회인데 그냥 호락호락 놓칠 수 없었다. 악착같이 노력하고 기를 써서 경기에 임했다. 그리고 노력은 절대 배신하지 않았다.

시즌 2005~06년 경기를 다 치른 후 시상식이 있었다.

"지금부터 이번 시즌 신인상을 발표하겠습니다. 올해 신인상은 흥국생명의 김연경 선수."

"와아아."

관객석에선 환호성이 울려 퍼졌다. 나는 자리에서 일어

나 시상식 단상으로 갔다. 트로피와 메달을 받아 걸었다. 메달이 목에 걸리는 순간, 인정받았다는 생각에 세상을 다 얻은 것 같았다.

"자, 이번엔 올해 가장 받고 싶은 상 정규리그 MVP입니다. 선수들 긴장되시죠? 발표합니다. 정규리그 MVP는 흥국생명의 김연경! 뜨거운 박수로 맞아 주십시오."

헉! 숨이 멎는 것 같았다. 아니 하늘을 나는 기분이라는 게 이런 건가? 생각지도 못한 상이라 정신이 없었다. 그런데 그게 끝이 아니었다. 이후로 서브상, 득점상, 공격상 등 선수에게 영예로운 상들은 다 휩쓸었다.

"감사합니다. 제게 이렇게 귀한 상을 주셔서 진심으로 감사합니다. 오늘 이 상은 언제나 제 뒤에서 든든히 지원해 주시는 부모님과 특히 아빠를 설득해 주고 배구를 할 수 있게 한 엄마에게 바칩니다. 그리고 감독님, 함께 뛴 선수 여러분들에게도 진심으로 감사를 드립니다. 배구는 혼자만 잘한다고 해서 되는 운동이 아닙니다. 팀워크가 없으면 절대 이길 수 없는 운동이기에 오늘 이 상을 여러분과 함께하겠습니다. 감사합니다."

큰절이라도 하고 싶은 맘을 깊숙이 고개를 숙여 대신했다. 많은 사람들이 환호성을 지르며 박수를 쳐줬다. 지나온 시간들이 주마등처럼 스쳐 지나갔다. 그저 모든 게 감사할 따름이었다. 난 청중들을 향해 다시 한 번 인사를 했다. 뿌듯함과 행복감이 온 마음으로 퍼졌다. 그 순간만큼은 세상을 다 얻은 것 같았다.

🏐 마음속에 간절하게 이루고 싶은 꿈이 있다면, 현실을 마주 보고 보란듯이 하루하루를 충실하게 자신의 노력으로 채워 나가야 한다. 그렇게 한 걸음씩 나아가면 어느새 손끝에 닿아 있는 꿈을 보게 될 것이다.

나는 김연경이야!

나와의 싸움에서 이기는 것이 중요하다.
하지만 매번 내게 싸움을 걸 수 있는 용기,
그것이 더 중요하다.

_매니 파퀴아오(복싱 선수)

나는 김연경이야!

"마지막 MRI까지 찍고 소견 들으러 오세요."

"네."

리그가 끝나고 건강검진을 받으러 갔다. 보통은 MRI를 찍으라고 하면 불안하겠지만 운동 선수들에겐 흔한 일이다. 워낙에 부상이 많아서 그렇다. 그래서 나도 당연히 걱정은 손톱만큼도 하지 않았다. 소견을 들으러 갈 때도 아주 가벼운 마음으로 갔다.

"연골이 찢어졌어요. 수술해야 합니다."

"수술이요? 아니 그냥 살짝 불편할 정도였는데요?"

의사 선생님의 말을 듣는 순간, 어안이 벙벙했다. 지금까지 눈에 띄게 심한 부상을 입은 적이 없었는데, 무슨 말인지 이해가 안 됐다. 아니 믿겨지지가 않았다. 가끔 특정한 각도로 무릎을 쓸 때 살짝 기분 나쁜 것만 빼면 별 이상이 없었는데. 대체 이게 무슨 소리지?

"이런 경우엔 아마도 통증을 제대로 못 느낄 수 있어요. 하지만 이대로 두면 정말 무릎을 못 쓸 수도 있습니다."

머릿속이 하얘졌다. 구름 위를 뛰어다니다가 바닥으로 뚝 떨어진 기분이었다. 이제 시작이라고 자신감 가득해 뭐든 할 수 있을 것 같았는데. 그런데 수술을 해야 한다고? 의사 선생님은 수술 일정과 필요한 부분을 말하기 시작했다. 난 멍한 눈으로 의사 선생님 말을 들으며 딴 생각을 했다.

'당장 수술해야 한다면 재활은 얼마나 걸릴까? 한 반년은 걸리겠지? 그럼 최우수 선수로 뽑혀 이제 막 주목받기 시작했는데 어떻게 해? 만약에 회복하지 못하면?'

머릿속으로 온갖 생각들이 우르르 쏟아져 나왔다. 생각이 많아지면 많아질수록 기분은 바닥을 쳤다. 우울감이 쇠사슬처럼 내 온몸을 옥죄었다.

검사 결과를 듣고 병원 밖으로 나왔다. 햇살은 그 어느 때보다 눈이 부셨다. 온 세상이 투명하게 보였고, 근처에 보이는 사람들은 다들 좋아보였다. 검진 결과만 아니라면 세상 그 무엇도 부럽지 않을 나였다. 아니 세상을 다 얻었다고 생각했기에 나만큼 행복한 사람도 없었을 거다. 그런데, 그런데……. 수술을 해야 한단다. 눈앞에 먹구름이 낀 것처럼 온통 어둡게만 느껴졌다.

난 먼저 엄마에게 전화를 했다.

"그래, 우리 딸."

엄마는 늘 그렇듯 기분 좋게 전화를 받았다.

"엄마, 나 있……."

눈물이 핑 돌았다. 아까 의사 선생님 앞에서는 담담했는데, 엄마 목소리를 들으니까 울컥해 말이 안 나왔다.

"어째 우리 딸이 전화를 해서 말이 없을까? 뭔 일 있냐?"

"아, 아니. 엄마 뭔 일은 없고 그냥, 그냥 했어."

"다행이네. 엄만 또 뭔 일이 있나 식겁했다. 인제 엄마가 뭐가 걱정이겠냐? 우리 딸이 배구해서 대한민국 상이란 상은 다 휩쓸고 있는데. 요즘은 안 먹어도 배가 부르고, 가만히 있어도 날아다닐 것 같다. 이게 다 막내 네 덕분이다."

"그치? 그럼. 당연하지. 알았어요. 엄마! 그럼 나 나중에 또 전화할게요."

일단 난 전화를 끊었다. 미리 말해서 엄마까지 속앓이를 하게 할 수 없었다. 어차피 수술하게 되면 알 건데. 엄마는 조금 더 행복감을 느끼게 하고 싶었다. 그리고 무엇보다 끝까지 수술 안 하는 방법을 찾고 싶었다.

난 무릎 연골 때문에 힘들어 했던 선배들을 떠올리며 한 사람씩 전화를 했다. 방법을 꼭 찾아 수술을 안 할 생각이었다. 그러나 방법은 없었다. 전화를 할 땐 희망적이었다가, 끊고 나면 절망적이었다. 초등학교 4학년 때부터 운동을 시작했으니 탈이 날 만도 했다.

결국 나는 수술하기로 결정을 내렸다.

"연경아, 걱정 하나도 하지 말고 그냥 눈 딱 감고 받고 나와. 알았지? 엄마가 기도하고 있을 거야."

수술실 앞에서 엄마는 내 손을 잡고 말했다. 난 엄마를 보고 씨익 웃었다. 그리고 손을 빼 주먹을 쥐어 보였다.

"알았어요. 엄마 걱정 마! 내가 누구야? 김연경이야. 수술 잘 받고 올게. 홧팅!"

엄마가 날 보고 웃었다. 그제야 맘이 놓였다. 누구보다 마음 졸였을 엄마를 생각하니 그렇게라도 하고 싶었다. 수술실 문이 열리고 안으로 들어갔다. 온몸이 덜덜 떨렸지만 이를 악물고 참았다. 그리고 오직 한 가지 생각만 했다.

'제발, 이전하고 똑같은 실력만 되길! 제발.'

18살, 꽃다운 나이에 난 그렇게 수술대에 올랐다.

마취에서 서서히 깨 눈을 떴다. 난 이미 병실 침대에 누워 있었다. 얼른 내 다리를 쳐다봤다. 붕대에 감겨 있는 다리를 보니 비로소 내가 수술을 마쳤다는 걸 실감했다. 난 붕대로 칭칭 감겨 있는 다리에 조금씩 힘을 줘 봤다. 아무런 느낌이 없었다. 한 번 두 번, 느낌이 돌아올 때까지 힘을 주고 또 줬다. 하지만 발가락 하나도 움직여지지 않았다. 물론 무릎은 말할 것도 없었다. 내가 보고 있는 붕대 감긴 다리는 내 다리가 아니라 남의 다리인 것처럼 보였다.

"어어, 이거 뭐지? 저기, 제 다리 왜 이래요? 감각이 없어요."

당황한 난 의사 선생님을 향해 따지듯 물었다.

"이제 막 수술을 끝냈기 때문에 그런 거예요. 조금만 기다리면 원래대로 됩니다. 너무 걱정 마세요."

의사 선생님은 으레 당연한 일인 것처럼 아무렇지도 않게 대답했다. 간호사도 마찬가지였다. 심지어 감독님, 엄마, 아빠까지 다들 걱정하지 말라는 말만 앵무새처럼 되풀이했다. 그렇지만 내 맘은 그렇지 못했다. 이대로 다리가 움직이지 않으면 어떡하지? 아무리 재활 치료를 해도 완전히 회복이 안 되면 어떡하지? 내 머릿속은 아직 일어나지 않은 일로 끊임없이 불안했다.

그러다 가끔 불안감을 가시게 하는 일도 있었다. 동료들이 문병을 올 때가 그랬다.

"세상에! 뭐야?"

"뭐가?"

"네 다리!"

"하하하하."

붕대에 감긴 내 다리는 그야말로 코미디였다. 다리가 침대를 뚫고 나와 달랑거리고 있었다.

"야, 우리 배구 선수들은 아프면 안 되겠다야. 다리가 이렇게 길게 나와 있어서 완전 민폐데?"

한 친구가 이렇게 말하자 옆에 있던 은희도 웃으며 말했다.

"진짜 어제 얘 완전히 웃겼잖아."

"왜?"

"어제 엘리베이터를 타는데 휠체어를 타고 들어갔거든. 근데 있잖아, 이 다리 때문에 문이 안 닫혔잖아."

"그래서 어떻게 했는데?"

"맘은 저 다리를 똥강 접어서 태우고 싶었지만, 기껏 수술했는데 그러면 안 되니까 하는 수 없이 내가 위로 올려서 잡고 탔지 뭐."

"깔깔깔."

"하하하."

병실 안에 웃음소리가 가득했다. 다들 깔깔대느라 난리가 났다. 나도 덩달아 깔깔대며 웃었다. 그렇게 함께 웃고 떠들다 보면 시간은 순식간에 흘러갔다. 방문객이 오면 그래서 좋았다.

하지만 그 이후가 문제였다. 썰물이 빠지듯 친구들도 가고 병실에 오롯이 나 혼자 남으면 불안감이 몰려왔다.

"주사 맞을게요."

간호사가 주사를 놓기 위해 들어왔다.

"저 언제쯤 나갈 수 있을까요?"

"서서히 재활도 하고 어쨌든 회복이 되면 나갈 수 있어요. 주사 맞았으니까 한잠 주무세요."

간호사와 내가 주고받는 말은 늘 비슷했다. 특별할 것

도 없는 얘기를 매번 물어보고 간호사는 매번 같은 얘기를 해 주었다. 사실 수술까지 한 다리는 시간만이 약이라는 걸 간호사만 아는 게 아니라 나도 알고 있었다. 모른 척 하고 싶은 건 내 마음뿐이었다. 내겐 그 시간은 없는 병도 날 것처럼 느껴졌기 때문이다.

매일 식사하고, 주사 맞고, 멀뚱히 천장을 바라보다가 잠이 들었다. 먹고, 자고, 먹고, 자고의 반복이었다. 사실 시간 때우는 데는 잠만 한 것도 없었다. 그러나 그 한계는 생각보다 빨리 왔다.

"휴. 잠이 안 와. 잠이……."

그랬다. 매일 잘 만큼 자고 나니 정작 자야 할 시간에도 잠이 안 왔다. 아무리 잠을 자려고 별짓을 다해도 잠이 안 왔다. 그럼 그땐 핸드폰을 들었다. 이거저거 막 검색하고 눈에 보이는 대로 들춰 봤다. 그것도 잠시였다.

"아, 미치겠다. 너무 너무 힘들어."

시시때때로 푸념이 넘쳐 났다. 원래부터 가만히 있는 성격도 못 되고, 초등학교 4학년 때부터는 거의 친구들과 함께 지내서인지 혼자는 익숙해지지 않았다. 그리고 무엇보다 진지한 게 싫었다.

"뭘 하지?"

책도 보기 싫고, TV도 보기 싫고, 휴대전화도 들여다 보기 싫어졌다. 잠은 하도 자서 오지 않았다. 내게만 멈춰 있는 것 같은 시간을 어떡하든 보내야 했다. 그때였다. 조용하고 심심한 틈으로 스멀스멀 들어오는 게 있었다. 바로 '배구'였다. 사실 배구야 매일같이 십 년 가까이를 생각하고 살았다. 하지만 고요 속에서 진중하게 들여다 본 적은 처음이었다.

처음 시작할 때의 설렘과 기대, 한때 키 때문에 힘들고 좌절했던 시간들. 그래도 꼭 해내고 싶은 열망으로 악착같이 해냈던 일들이 떠올랐다. 그리고 이번 리그가 끝난 후 상을 받았을 때까지. 하나하나 되새겨 보니, 그간에 내가 참 잘 견뎠다는 생각이 들었다.

"이만하면 참 잘했네."

문득 내가 대견했다. 입가에 빙그레 미소가 번졌다. 그러다 무심코 침대 밖으로 삐죽이 나가 있는 다리를 바라봤다.

"그래, 내가 키가 작았어도 해냈는데 이깟 부상쯤이야. 괜찮아. 할 수 있어! 내가 누구냐? 김연경이잖아. 해내자. 해내!"

주먹을 쥐고 나를 응원했다. 어쩐지 힘이 불끈 솟는 것 같았다. 역시 힘들고 두려울 땐 나를 향한 응원이 최고였다. 내가 나를 응원하고, 내가 나를 믿는 것! 그게 나를 지키는 가장 큰 힘이었다.

"김연경! 그래, 파이팅이다!"

다음 날부터였다. 난 본격적으로 재활치료에 들어갔다. 지독하게 훈련했던 맘으로 남들이 하는 것보다 두 배 세 배로 했다. 간호사도 내가 안 보이면 무조건 재활 치료실로 올 만큼 했다. 그래서 가끔 주변에선 무리하지 말라는 소리를 했지만 괜찮았다. 한참 발휘했던 기량을 되찾으려면 그 정도는 감수해야 했다. 그렇게 몇 달 동안 재활치료에 최선을 다한 후 마침내 퇴원을 했다.

그리고 나를 기다리고 있는 건 또 다른 세상이었다.

🏐 나는 사람들이 어깨를 늘어뜨린 채 실망한 얼굴로 돌아서지 않기를, 이를 악물고 열정적으로 도전해 보기를 바란다. 벽을 넘어서는 순간이 오면 자신이 한계라고 여겼던 것들이 또 다른 가능성에 불과했다는 것을 깨닫게 될 것이다.

내가 만들어 갈 길

프로 운동선수는 칭찬을 받을 때도
스스로 컨트롤 할 수 있는 능력, 쏟아지는 비난에도
상처 받지 않는 심장을 가져야 한다.

_박지성(축구 선수)

내가 만들어 갈 길

해외 경기 때였다. 식당에서 밥을 먹고 있는데 눈에 띄는 장면이 있었다.

"쟤네는 어떻게 아는 사이야? 딱 봐도 국적이 달라 보이는데?"

"해외로 진출한 선수들이 국가 대표가 되면 다 모이잖아. 일단 국적은 달라도 같은 팀에 있다 보니 친해진 거겠지."

"아, 그래서 저렇게 반갑게 인사하는구나."

"근데 같은 팀으로 있다가 다른 팀이 돼 경기 뛰려면 좀 그렇겠다. 같은 편이 상대편이 되는 거잖아."

가만히 들어 보니 그 말도 일리가 있었다. 그런데 가만! 번뜩 한 생각이 떠올랐다. 왜 우리나라 배구 선수는 해외로 안 나가지? 보통 축구 선수나 야구 선수들은 시즌이 끝나고 나면 해외 어디로 나간다고 뉴스에서 많이 본 것 같은데, 배구는 한 번도 본 적이 없었던 것 같았다.

'아무도 안 나가니까 그런 걸까? 아님 내가 모르고 있어서 그렇지 나간 사람도 있나?'

난 한 번도 하지 않았던 생각을 그때서야 했다. 그만큼 내가 본 게 정해져 있었다는 거다. 그도 그럴 게 해외로 나간 선배들을 거의 본 적이 없었다.

'해외 진출, 해외 진출, 해외 진출!'

그때부터였다. 내 머릿속엔 온통 한 가지 생각만 떠올랐다. 몰랐으면 모르되, 기왕에 알게 된 거 제대로 알고 싶었다. 그래서 난 기회가 되는 대로 국내 리그에서 뛰는 외국 선수를 보면 반드시 물어보았다.

"넌 해외 진출하게 된 계기가 뭐야?"

"간단해. 그냥 익숙한 환경에서 벗어나고 싶었어. 분명 해외 리그로 나가면 배울 점이 많을 거라고 생각했거든.

새로운 경험을 많이 배우고 나면 내가 쑥 성장했다는 게 느껴져."

"아, 그렇구나. 그럼 나도 할 수 있을까?"

"물론이지. 연경, 너라면 충분히 할 수 있어. 꼭 도전해 봐."

외국 선수들은 해외 진출에 대해 상당히 긍정적이었다. 어쩌면 그렇기 때문에 낯선 타국으로 와 선수 생활을 하는지도 몰랐다. 그래서인지 말끝엔 언제나 '파이팅'까지 외쳤다. 그러면 내 마음이 마구 흔들렸다.

국내 데뷔 후 신인왕은 물론 정규리그 챔프전 MVP까

지 다 차지했으니 가능성이 없는 건 아니었다. 어떤 측면에선 국내 리그가 좁게 느껴졌다. 불쑥 내 가능성이 어디까지인지 도전해 보고 싶은 맘이 생겼다.

'아니야. 아니야. 잘 생각해 봐. 지금까지 국내 배구 선수 중에 한 명이라도 해외로 진출한 적 있어? 없잖아. 그런데 네가 할 수 있다고?'

그러다가도 다시 도전하고 싶은 마음이 불쑥불쑥 올라왔다.

'무슨 소리? 만들어진 길은 없어! 길은 먼저 가는 사람이 만드는 거야. 그래, 내가 만들면 되지. 내가 첫발을 떼

면 후배들은 나보다 훨씬 편하게 갈 수 있잖아?'

긍정과 부정을 넘나들기를 몇 차례. 드디어 결심을 굳힌 나는 실행에 옮기기로 했다. 실행은 빠를수록 좋았다.

"사장님, 저 해외로 나가 더 많은 경험을 쌓고 싶습니다."

내가 다짜고짜 말을 꺼내자, 사장님은 잠깐 머뭇거렸다. 전혀 예상치 않은 말을 하니까 놀란 것 같았다. 그래도 아랑곳하지 않고 준비해 간 말을 계속했다. 그러자 내 이야기를 다 들은 사장님이 고개를 끄덕이며 대답하셨다.

"좋아. 자네가 그런 생각이 있다면 내가 한번 에이전시를 통해 알아보지."

사장님의 흔쾌한 승낙으로 일은 빠르게 진행됐다. 그리고 마치 기다렸다는 듯 얼마 후 구단으로 제의가 들어왔다. 유럽에 있는 한 구단과 일본 구단에서 동시에 들어온 것이다. 그 소식을 들은 난 바로 부모님께 연락을 했다.

"연경이 네가 가고 싶은 곳으로 가. 우리는 그저 네가 원하는 곳으로 가는 것이 최고이니까."

부모님은 내 결정에 전적으로 따르겠단 말씀만 하셨다.

결국 선택은 나의 몫이었다. 어느 쪽도 쉬운 길은 아니었지만, 내 마음이 조금이라도 더 기우는 곳으로 결정하기로 했다. 기준은 딱 하나, 내가 성장 할 수 있는 곳. 그렇게 해외 진출을 하게 되었다.

"일본 JT마베라스에서 경험을 쌓은 후 유럽으로 진출하고 싶습니다."

내가 결정한 곳은 일본 JT마베라스 팀이었다. 솔직히 마음은 유럽이 더 끌리기는 했다. 하지만 일본에서부터 차근차근 경험을 쌓고 싶었다. 게다가 일본 JT마베라스엔 세계적인 세터인 다케시타 요시에 선수가 있었다. 가까이에서 보고 배울 수 있는 절호의 기회였다. 물론 조건도 꽤 좋았다.

"말도 안 통하는데 잘할 수 있겠어?"

"에잇, 당연하지. 일본도 사람 사는 곳인데 그걸 못할까. 걱정 마! 내가 누구야? 김연경이잖아?"

일본으로 간다고 하자 다들 걱정이 이만저만이 아니었다. 그런데 이상하게도 난 걱정이 되지 않았다. 오히려 걱정보다 기대가 더 컸다. 우리나라와는 전혀 다른 리그에서 배구를 할 수 있다는 것, 그것만으로도 충분했다. 그리고 거기엔 다케시타 선수가 있었다. 159cm의 단신임에도 불구하고 세계적으로 알려진 뛰어난 세터. 그 선수와 한 팀에서 뛰는 건 내게 큰 공부 기회였다. 그런 이유가 일본으로 갈 날을 기다리게 했다.

"오늘부터 한국에서 온 김연경 선수와 함께 훈련합니다. 낯선 곳이라 여러분의 도움도 필요하니 많이 도와주세요."

감독님의 소개 후 나는 바로 훈련에 들어갔다. 말이 통하지 않아도 함께 훈련하는 건 충분했다. 빠른 적응을 위해 선수들과 함께하는 숙소 생활도 괜찮았다. 함께 지내는 선수들이 하나부터 열까지 친절하게 챙겨 줬다. 역시 일본으로 오길 참 잘했단 생각이 들었다. 그렇게 얼마간 시간이 흘렀다. 그러나 정작 문제는 그 이후에 생겼다.

어느 정도 합숙 생활에 익숙해지자 난 따로 숙소를 구해 나갔다. 한 번도 혼자 지내 본 적이 없는 나로서는 낯선 환경에 처음으로 놓인 것이다.

띠리릭 띠리릭.

요란한 알람 소리에 잠이 깼다. 손으로 더듬더듬 시계를 찾아 끄고 집 안을 둘러봤다. 조용하다 못해 괴괴한 집 안이 너무 낯설었다. 초등학교 시절부터 선수로 지내면서 한 번도 조용히 아침을 맞이한 적이 없는 나로서는 적응이 안 되었다.

"일어나자. 연경아."

혼잣말이라도 하지 않으면 견딜 수가 없었다. 그러다 그마저도 싫어 TV를 켰다. 하지만 알아먹지도 못하는 말 때문에 바로 꺼 버렸다. 또 다시 적막이 흘렀다. 처음 일본에 왔을 때 느꼈던 해방감은 온데간데없이 사라졌다. 거의 혼자 있어 본 적이 없던 내 인생에 외로움이 처음으로 깊숙이 파고들었다.

그때부터 버릇이 하나 생겼다. 내 손엔 늘 노트북이 들려 있는 거다. 누군가 함께 있다는 느낌을 받기 위해서는 그 방법밖에 없었다. 그리고 혼자 시간을 보내는 방법을 열심히 찾았다. 스스로 마음을 달래는 연습을 제일 많이

했던 것 같다.

'인간은 혼자 있을 때 가장 성숙해진다고 했어. 지금 나는 한 차원 더 성숙해지고 여물어질 시간이야. 그럼, 그렇지.'

'외롭다고 징징대지 마라 김연경. 결국 사람은 모든 걸 혼자 해야 하는 거야. 혼자서도 잘하게 되면 두려울 것 하나 없어진다니까.'

난 틈만 나면 나를 어르고 달랬다. 내 마음을 어루만지면서 팀 훈련도 열심히 했다. 그렇게 내 일상이 지금까지와는 완전히 다르게 바뀌었다. 아침에 일어나면 준비해 체육관으로 가고, 훈련을 한 후 집으로 돌아와 혼자 있는 시간을 즐겼다. 가끔 여유시간이 생기면 동료들과 쇼핑도 갔다. 뭐든 생각하기 나름인지 나중엔 그 생활도 나쁘지 않았다.

시간이 조금씩 쌓이면서 서서히 경기도 뛰었다. 그리고 내가 제일 기대하고 있었던 다케시다 선수와는 환상의 호흡을 맞추며 게임에 임했다.

"연경, 배구는 팀 스포츠야. 혼자 모든 것을 하려고 하지 않아도 돼. 다른 동료를 믿고 마음껏 때려."

"아무래도 이번 팀은 우리를 많이 연구한 것 같아. 그러니까 거기에 허점을 만들어야 할 것 같아."

"오늘은 저쪽 센터가 몸이 무거워 보여. 센터 쪽을 공략하자."

다케시다는 틈나는 대로 매 시합 때마다 연구했던 상대에 대해 이야기했다. 가끔은 내가 놓쳤던 부분까지도 알려 줬다. 난 다케시다의 말을 들으며 그 이전과 또 다르게 열심히 상대방에 대한 연구를 했다. 그렇게 듣고, 연습하고, 생각하고, 훈련하는 습관을 더욱 굳혔다. 다케시다 덕이 컸다.

2009~10년 첫 시즌 개막전이 시작되었다. 전 전해부터 마베라스팀은 계속 준우승에 머물러 있었다. 당연히 선수들은 우승에 목말라했다. 나도 승리를 위해 바짝 긴장했다. 집중! 오로지 목표를 향해 정신을 집중하고 온 힘을 쏟았다. 그것은 내가 가진 최고의 기술이었다.

삐이익!

경기 시작을 알리는 신호가 울렸다. 우리는 각자 포지

션에 서서 주변을 점검했다. 레프트인 나는 공을 올려 줄 세터 다케시다를 쳐다봤다. 강하게 한 번 눈빛을 쏘아 준 후 고개를 끄덕였다. 상대 팀 선수가 서브를 하려고 뒤쪽에 섰다. 오버핸드 서브가 우리 쪽을 향해 빠르게 날아왔다. 우리 팀의 블로커들은 손을 뻗어 준비를 하고 나도 공이 날아들 곳을 빠르게 캐치했다.

탕 탕 탕.

두 번의 패스와 토스로 공이 상대 진영으로 날아갔다. 그쪽에서도 바로 세터가 공을 라이트에 넘겼다. 난 재빨리 공이 떨어질 만한 지점으로 손을 뻗었다.

"우아아아아아!"

한 번의 블로킹과 또 한 번의 강한 스파이크로 우리 팀이 승점을 했다. 관중석의 함성이 하늘을 찌를 듯 울려 퍼졌다. 주먹에 힘이 불끈 들어갔다. 더 이상 다른 생각은 나지 않았다. 머릿속엔 반드시 이겨야 한다는 생각만 가득했다.

드디어 시합이 끝나고 우리는 개막전에서 첫 승리를 거머쥐었다.

"연경! 수고했어. 앞으로도 지금처럼만 해 주면 좋을 것 같아."

경기가 끝나자 감독님은 나를 칭찬해 줬다. 전보다 훨씬 더 신뢰하는 표정이었다. 그 모습을 보자 더 잘해야겠단 생각이 들었다. 그렇게 열심히 시즌을 치른 후 내게는 최다 득점, 세트 당 공격 득점 부문에서 1위를 차지하는 영광이 주어졌다. 아쉽게 팀 성적은 준우승에 머물렀지만, 내 실력만은 확실히 인정받은 셈이었다.

🏐 나는 고민만 하다가 중도에 손을 놔 버리면 남는 후회가 싫다. 내가 할 수 있는 모든 것을 다해 봤고, 최선을 다했다고 생각되면 만약에 일이 잘 풀리지 않았더라도 홀가분할 거라고 생각한다. 어려운 상황을 마주하더라도 기가 죽어 물러서기보다 내가 손에 쥐고 있는 작은 가능성이라도 붙들고 미련 없이 도전하고 싸우고 싶다.

세계 최정상을 향해

나에게 닥친 시련을 내가 극복하지 못했다면
결국 내가 패하기를 바라는 어떤 힘에 의해 무릎을 꿇는
결과가 되지 않았을까. 하지만 나는 지지 않았다.

_김연아(피겨스케이팅 선수)

세계 최정상을 향해

일본에서 보낸 2년간의 선수 생활은 내게 또 다른 길을 열어 주었다.

"여경, 너하고 한 팀에서 뛴 게 내 인생에서 최고의 시간이었어."

마지막 작별 인사를 하는 텐짱(다케시다)이 엄지손가락을 치켜들었다. 입가엔 잔잔한 미소를 띤 채였다. 하지만 일렁이는 눈망울을 보니까 애써 서운함을 숨기고 있는 게 보였다.

"텐짱, 나도 텐짱한테 많은 걸 배웠어. 내게도 최고의 시간이었다고."

난 일부러 크게 몸짓을 해 보이며 텐짱의 눈물을 막았다. 그러자 텐짱도 아까보다 더 크게 웃었다. 그제야 안심이 됐다. 순간순간 울컥했던 내 마음도 가라앉았다. 그러나 환송을 나온 동료들은 나를 둘러싼 채 그간에 못 했던 말을 전했다. 한 사람 한 사람 이야기를 듣는데 정말 마음이 이상했다. 잘하면 내가 먼저 눈물을 보일 판이었다.

"난 연경이 가는 게 너무 싫어. 나중에 적이 되어 싸우게 될 걸 생각하면, 어후!"

한 동료가 고개까지 사정없이 흔들며 손사래를 쳤다.

"그럼, 나하고 만나면 작살나는 거지."

"작살? 그게 뭐야?"

"그게 뭐냐면 그러니까, 음, 다 죽었다 이거지."

내가 과장되게 목을 긋는 표정을 짓자 다들 깔깔대고 웃었다. 역시 '연경 짱!'이라며, 제발 안 붙었으면 좋겠다고 덧붙였다. 사실 내 맘도 그랬다. 나도 JT마베라스와는 붙고 싶지 않았다. 그간 지켜봐 온 결과로 봤을 때 이 팀은 강팀이었다. 데이터 분석이나 경기전략 운영방식이 대단했다. 현미경 배구라고 말할 정도로 치밀하고 정확했다. 경기 중에도 같은 팀인 내 플레이를 분석 당하고 있단 느낌이 들 정도였다.

"잘 지내고 가끔 연락해. 우린 같은 팀이었잖아."

"좋아. 알겠어. 잘 지내."

나는 돌아가며 한 명씩 포옹을 하고 탑승구로 향했다. 그런 후 비행기 티켓을 승무원에게 보여 주고 뒤돌아봤다. 그때까지도 동료들은 날 향해 손을 흔들고 있었다. 코끝이 찡해지면서 비로소 실감이 났다. 나를 더없이 성장하게 하고 늘 사랑과 친절을 베풀어 준 동료들. 그들이 점점 멀어지고 있었다. 마음이 아릿해지면서 아쉬움이 더욱 커졌다. 난 아까보다 더 크게 손을 흔들며 안녕을 고했다.

"승객 여러분 우리 비행기는 곧 하네다 공항을 출발하겠습니다."

좌석 벨트를 조이고 눈을 감았다. 이륙방송이 나오고 얼마 후 기체가 움직이기 시작했다. 조금씩 덜컹대는 소리와 불안정하게 흔들리던 비행기가 곧 위로 떠올랐다.

부우웅.

굉음과 함께 비행기가 하늘 높이 떠올랐다. 마침내 새로운 곳을 향해 떠난다는 느낌이 확실해졌다. 처음 일본에 올 때처럼 살짝 불안한 마음도 들었다. 2년 동안 팀 성적 1위와 마지막 도요타 퀸시스 선발전에서 18점을 올려 득점왕과 최우수 MVP까지 했다. 그렇게 잘 닦아 놓은 곳을 뒤로 한다는 건 결코 쉬운 일은 아니었다. 하지만 그 덕에 또 다른 무대가 펼쳐졌는데 멈춰 있을 순 없었다.

덜커덩 덜커덩.

기류가 불안정한지 기체가 흔들렸다. 한참 생각에 빠져 있다가 눈이 번쩍 뜨였다. 으레 비행기를 타면 그러려니 하면서도 무서웠다.

문득 지금 내 처지가 떠올랐다. 다시 도약하려는 내 마음이 어쩌면 지금 이 비행기처럼 흔들리고 덜컹대는 건 당연한 거 아닐까? 사실 모든 시작은 예측할 수 없는 거다. 하지만 인생에서 안전한 길만 찾는다면? 아마 더 이상의 발전은 없을 것이다.

11시간의 비행 끝에 터키 공항에 도착했다. 장시간 비행 끝이라 몸 여기저기가 결리고 찌뿌드드했다.

"우와, 유럽이 진짜 멀긴 멀다."

난 다리를 쭉쭉 펴가며 말했다. 그러자 동행한 에이전시 대표도 피식 웃으며 대꾸했다.

"뭘 당연한 걸 새삼스럽게 그래."

"아, 눼눼. 몰라 봬서 죄송합니다."

난 장난치듯 대꾸하며 주변을 둘러봤다. 터키 공항도

보통 공항처럼 다양한 매장이 즐비했고, 그 사이로 터키인들이 분주히 오갔다.

"사람들 보니까 왠지 쫄리는 기분이 드는데요."

"연경 씨가 왜?"

"그냥 뭔가 부족하면 어떡하지 하는 생각이 들어서."

"걱정 마, 연경 씨! 연경 씨 키는 어딜 가도 크고 실력도 굿이잖아."

에이전시 대표가 엄지손가락을 치켜들며 웃었다. 그걸 보니 나도 빙그레 웃음이 지어졌다. 사실 예전엔 내가 지금 이렇게 될 거라곤 상상도 못했다. 키가 큰 것도, 실력을 온전히 발휘할 수 있는 것도, 그리고 무엇보다도 이렇게 해외로 나올 수 있는 것도 이 모든 게 기적처럼 느껴졌다.

짐을 챙겨 나오며 슬쩍슬쩍 쇼윈도에 비치는 내 모습을 봤다. 에이전시 대표 말대로 쫄지 않아도 되겠단 생각이 들었다.

'그래, 이 정도면 뭐든 할 수 있을 거야.'

속으로 중얼거리며

출구 쪽으로 갔다. 거기엔 환영인사를 쓴 피켓을 들고 페네르바체 관계자들이 대기 줄에 서서 우릴 기다리고 있었다.

"어서 오세요. 오느라 힘드셨죠?"

난 꾸벅 인사를 하고 악수를 했다. 그러곤 함께 있는 통역사에게 괜찮다는 말을 전했다. 그렇게 인사말이 오가고 우린 앞으로 훈련할 체육관으로 바로 갔다.

체육관은 입이 쩍 벌어질 정도로 훌륭했다. 한국이나 일본보다 더 큰 훈련시설을 갖춘 체육관이었다. 눈이 휘둥그렇게 되면서 가슴이 콩닥콩닥 뛰었다.

"우와!"

"연경, 경기를 하는 날엔 이곳이 관중들로 가득 찰 거야."

시설을 설명하던 관계자가 관중석을 가리키며 말했다. 여태 본 것 중 가장 넓고 큰 관중석이 내 눈앞에 쫙 펼쳐져 있었다.

'아, 내가 원하던 무대가 바로 여기였구나!'

내 안에서 탄식이 절로 터져 나왔다. 내가 한 결정이 옳았단 생각이 들면서 가슴이 뜨거워졌다. 당장에라도 코트를 누비고 싶을 정도로 흥분이 되었다. 그동안 나 혼자만이 느끼는 한계를 끌어올리고 싶다고 생각했는데 그 열망을 실현할 수 있을 것 같았다.

그렇게 터키 생활은 시작되었다. 잘하고 싶다는 열망, 기대가 내 안에 가득했다. 그래서 뭐든 하면 금방이라도 성과를 이뤄 낼 수 있을 것 같았다. 하지만 세상은 내 맘대로 되는 게 아니었다. 내 기대와 열망과는 달리 일은 이상하게 흘러갔다. 일본에선 전혀 느끼지 못했던 문제가 생겼다. 바로 함께 뛸 동료들이었다.

"지금부터 여러분과 함께 뛸 한국에서 온 김연경 선수를 소개합니다."

"안녕하세요. 만나서 반갑습니다."

코치님 소개에 나도 어설픈 영어로 인사를 했다. 그런 후 찬찬히 선수들을 바라봤다. 그런데 선수들의 표정이 이상했다. 웃는 것도, 그렇다고 찡그리는 것도 아니었다. 거의 무심한 듯 심드렁한 표정이었다. 순간 '이건 뭐지?' 하는 생각이 들었다. 내가 뭘 잘못했나? 속으로 갸웃거리며 생각을 하는데 딱히 생각이 나지 않았다. 아니, 그때 직감적으로 한 가지 생각이 떠올랐다.

'혹시 내가 유명하지 않아서 그런가?'

그랬다. 페네르바체 팀에 있는 선수들은 각 나라를 대표하는 세계적인 선수들이었다. 그런 사람들이 모여 만든 팀인데, 이름도 들어보지 못한 내가 들어갔으니 못마땅한 건 당연했다. 한편으론 이해가 되면서도 입맛이 썼다. 지금껏 한국이나 일본에서 받아 본 적 없는 대접이라 적이

당황스러웠다.

  그러나 그건 시작에 불과했다. 그걸 시작으로 밥 먹을 땐 더 심했다. 아무도 내게 말을 걸지도 않았다. 마치 왕따처럼 아무 말 없이 묵묵히 밥만 먹어야 했다. 언제 어디서나 동료들과는 웃고 떠들며 친하게 지냈던 내겐 굉장히 낯설고 힘든 일이었다. 그 뿐만 아니었다. 훈련 시간은 더 했다. 훈련하는 동안 내게 공이 잘 오지 않았다. 자기들끼리 공을 주고받으며 은근히 따돌렸다.

"여기, 여기."

어떤 날은 세터에게 손짓 발짓을 다해 내게 공을 주라고 신호를 보냈다. 하지만 못 본 체하고 그 공을 다른 선수에게 넘겼다. 어처구니가 없어 화가 났지만, 그래도 한 번도 따지지 못했다.

그러던 어느 날이었다. 다른 선수와 나 사이로 공이 날아왔다. 딱 봐도 내게 오는 공이 아니었다. 당연히 공을 받기 위해 손을 뻗지 않았다. 그 선수도 그랬다. 공은 바닥으로 툭 떨어졌다.

"이건 네가 받아야지! 왜 가만히 있는 거야?"

그 선수는 잘못을 나에게 떠넘겼다. 어이가 없었다. 그건 분명히 그 선수가 받아야 할 공이었다. 하지만 내 편을 들어주는 사람은 아무도 없었다. 모두가 그 선수만 두둔했다. 억울한 맘이 그득했지만 한마디도 따지지 못했다. 어차피 지는 싸움이었다.

그날 훈련이 끝난 후 혼자 곰곰이 생각해 봤다. 아무래도 대책을 세워야 할 것 같았다. 이대로 더 있다간 안 될 것 같았다. 그들 입장에선 내가 터키에 배구를 배우러 온 신인처럼 보였는지 모르지만 그건 아니었다. 난 당당히 실력과 역량을 갖춘, 정식 이적 제의를 받아 온 선수였다.

'좋아! 이대로는 안 되겠어. 나도 할 말은 하고 본때를 보여줄 거야.'

난 더 참을 수 없다는 결론을 내렸다. 그리고 오늘과 같은 일이 또 다시 일어난다면 더는 가만히 있지 않을 거라 결심했다.

며칠 후 똑같은 상황이 벌어졌다. 저번처럼 공이 다른 선수와 내 사이에 떨어진 것이다.

"넌 왜 공을 받지 않는 거야?"

기가 막혔다. 분명 공은 나보다 그 선수에게 더 가까이 있었다. 그러니 그 공은 당연 그 선수가 받아야 하는데 또 내 핑계를 댔다.

"공이 여기에 떨어진 걸 다들 봤잖아? 내 공 아닌데 내가 왜 받아야 해?"

난 최대한 손짓 발짓 다해가며 설명을 했다. 영어가 서투니 어쩔 수 없었다. 그런데 그게 동료들한테 먹힌 것 같았다. 가만히 있을 줄만 알았던 내가 뭐라고 하자 다들 눈을 동그랗게 뜨고 놀라워했다.

"내 말이 맞지 않아? 말해 봐."

난 더 기세등등하게 말했다. 아무도 내 말에 대꾸하지 않았다. 난 일부러 동료들을 쳐다보며 되물었다. 그러자 그때 내 눈길과 마주친 한 동료가 고개를 끄덕였다. 난 더 이상 가만히 있지 않을 거란 걸 확실히 보여 줬다. 그리고 그때 새롭게 결심을 했다.

'누구도 이견을 제기할 수 없는 실력을 보여 줄 거야.'

난 어떤 상황에도 굴하지 않을 정신력을 키워 나갔다.

마지막까지 최선을!

위험을 감수할 용기가 없는 사람은 인생에서
아무것도 이루지 못할 것이다.

_무하마드 알리(권투 선수)

마지막까지 최선을!

런던 올림픽 출전을 위해 잠시 한국으로 돌아왔다. 터키에서의 생활은 거의 자리를 잡은 상태였다. 페네르바체는 유럽 챔피언스 리그에서 우승했고, 난 최고 득점왕 MVP까지 거머쥔 후였다. 그래서 내 마음은 그 어느 때보다 기뻤다.

막 선수촌에 도착해 보니 효진이와 사니가 보였다.

"효진아! 사니야."

반가움에 와락 껴안았다.

"요올, 외국물 먹더니 더 멋져져 들어왔네?"

"얘가 뭐래는 거야? 나 원래 멋졌거든."

난 효진이의 엉덩이를 내 엉덩이로 툭 쳤다. 그러자 효진이가 깔깔대며 웃었다.

"하여튼, 언제 봐도 언니는 시원시원해서 좋다."

"당연하지. 다 갖춘 내가 시원시원하지 않으면 누가 시원시원하라고?"

우린 오랜만에 만난 기쁨을 수다로 풀었다. 종알종알 주거니 받거니 그간에 나누지 못한 이야기들을 나눴다. 그런 후 체육관으로 갔다. 오랜만에 한국 팀, 그것도 국가대표로 경기에 진출한다는 게 꿈만 같았다. 오랜 비행시간의 피곤함도 한 방에 날려 보낼 정도였다. 체육관에 들어서자 나보다 먼저 팀에 와 있던 선수들이 보였다.

"이게 얼마만이야?"

"얼마 안 됐어. 그래봤자 몇 개월 같은데?"

"그런데도 이렇게 오랜만인 것 같은 거 보면 확실히 외국에 있어서 그런가 봐."

눈에서 멀어지면 마음에서도 멀어져서 그런 걸까? 진짜 마음은 몇 년 동안 못 본 것 같았다. 그런데도 막상 만나니 어제 만나고 헤어진 것 같이 살갑게 느껴졌다. 오랜

세월 함께 배구한 덕에 그럴 것이다. 수다는 체육관에서도 계속 이어졌다.

얼마 후 감독님이 들어오셨다.

"이번 런던 올림픽 목표는 8강이다. 그러니까 죽을힘을 다해 8강에 진출하자. 알겠나?"

감독님은 먼저 훈련 일정을 말한 후 런던 일정을 말했다. 그러곤 우리가 해내야 할 목표를 확실히 각인시켰다. 감독님의 이야기를 들은 선수들의 표정은 다부졌다. 물론 나도 그랬다. 다른 경기도 아니고 무려 올림픽이다. 그토록 꿈에 그리던 올림픽인데 허술하게 경기를 치를 수는 없었다.

훈련기간이 넉넉하지 않았지만 우린 꽤 열심히 했다. 그래서였을까? 무려 8년 만에 본선 진출을 따냈다. 8강에 진출하기 위한 첫 관문을 무사히 통과한 거였다. 하지만 얼마 지나지 않아 우린 금방 좌절했다. 국제 배구연맹에서 발표한 런던 올림픽 조 편성 때문이었다.

"으악, 미 미국?"

12개국을 A와 B조로 나눈 결과 우린 세계 1위인 미국과 2위인 브라질 그리고 중국, 세르비아와 한 조였다.

"이건 뭐 말 그대로 죽음의 조네."

"겨우 여기까지 왔는데 어쩌지?"

누가 봐도 힘든 싸움이었다. 다들 걱정과 한탄부터 했다. 나도 마찬가지였다. 웬만하면 뭐든 털어 내고 현실을 받아들이는데 이번 조 편성은 그리 되지 않았다. 그래서인지 심리적으로 이미 맥이 빠져 있었다. 그토록 꿈에 그리던 시합을 앞두고 불안한 마음과 초조한 마음이 매일 왔다 갔다 했다.

드디어 시합 날이 되었다.

'매도 먼저 맞으면 덜 아프다고 하잖아. 초반에 체력이 있을 때 강한 상대를 격파하는 게 어쩌면 더 유리할지도 몰라. 그래, 긍정적으로 생각하자!'

나는 생각을 바꾸기로 했다. 어차피 조는 바꿀 수가 없고, 그 안에서 최대한 가능성을 봐야 했다. 그러자 신기하게도 경기에만 집중할 수 있게 되었다. 마음 하나 바꾸는 게 그 무엇보다 중요하다는 걸 새삼 깨달았다.

그렇게 미국과의 첫 경기를 치렀다. 하지만 우려한 대로 역시 미국은 역부족이었다. 첫 시합에서 세계 최강의 면모를 여실히 보여 주었다. 모든 조건이 우리를 주눅 들게 했다.

"야야, 이제 겨우 한 번 했어. 다음 경기 이기면 돼!"

난 힘이 빠져 있는 선수들에게 큰소리로 다독였다. 겨우 한 경기 치르고 코가 빠져 있는 것도 자존심 상했다.

"좋아, 좋아! 우린 할 수 있다."

"아자, 아자!"

선수들은 서로를 향해 힘을 불어넣었다. 그 상황에서의 최선은 그것뿐이었다.

두 번째 경기에서 우리는 첫 경기의 악몽을 잊기 위해 이를 악물고 뛰었다. 상대팀들은 모두 막강한 팀이라 보통 힘든 게 아니었다. 매 경기 때마다 무슨 정신으로 치렀는지 모르게 최선을 다했다. 그 결과 브라질과 세르비아를 상대로 2승을 거뒀다. 승점 8점! 우리의 목표대로 8강에 진출하게 됐다.

"해냈어, 해냈어! 우리가 해낸 거라니까?"

첫 경기에 좌절을 겪었던 터라 모두 두 배로 기뻐했다. 없던 힘도 불끈 솟을 지경이었다.

"이 산을 넘으면 메달이야. 끝까지 해보자."

우린 서로를 격려하며 의지를 다졌다. 그리고 곧 8강 첫 상대를 만났다. 세계 랭킹 4위인 이탈리아였다. 시합을 나가기 전 난 내 유니폼에 있는 태극마크를 뚫어지게 쳐다봤다. 얼마나 달고 싶었던 마크였는지 모른다. 이 태극마크를 달고 시합하기만을 매일 꿈꾸던 시절이 있었다. 그 꿈이 지금 현실이 되어 있었다. 결코 움츠러들거나 물러설 수 없었다. 지금 나는 꿈의 무대에 섰기 때문이었다.

시합 전 열심히 몸을 풀었다. 꿈의 무대에서 잔뜩 긴장한 채 경기를 치를 순 없었다. 그리고 몸을 풀면서도 두려움과 불안함이 스며들 것 같으면 강스파이크를 날리며 떨쳐 냈다. 다른 선수들도 마찬가지였다. 우린 한마음 한 몸으로 경기에 임했다.

8강 첫 시합이 시작되었다. 1세트부터 경기는 팽팽했다. 거친 호흡으로 코트를 누볐고, 순간순간 발 빠르게 움직이면서 시합은 점점 고조되었다.

"수비! 수비를 잡아야 해!"

난 쉬는 타임 때마다 똑같은 말을 했다. 그건 다른 선수뿐만 아니라 내 스스로에게도 당부하는 말이었다. 이탈리아는 수비가 탄탄해 그것만 돌파하면 충분히 승산이 있었다. 공격수인 나의 역할이 중요한 이유이기도 했다. 더 날카롭게, 더 정확하게 공격해야 했다. 그리고 내 예상은 맞아떨어졌다. 엎치락뒤치락 경기 끝에 우린 짜릿한 역전승을 했다. 스파이크로 23득점이었다.

"우아아아!"

"이겼어! 이겼어!"

승리가 확정되는 순간 우린 서로를 얼싸안고 환호성을 질렀다. 자신감은 그 어느 때보다 상승했다. 처음 목표가 8강이었지만 4강이 눈앞에 펼쳐진 것이다. 기쁘지 않을 사람은 아무도 없었다.

드디어 4강에 올랐다. 4강에 오르자 여느 때보다 국민들의 관심도 뜨거워졌다. 한 번도 여자 배구가 국민들의 관심을 산 적이 없어 얼떨떨하면서도 기분이 좋았다. 게다가 한 팀도 만만한 팀이 없었던 죽음의 조에서 이룬 성과였다. 우린 그 어느 때보다 자신감이 충만한 채 경기에 임했다.

곧 미국과 우리의 경기가 열렸다. 우린 첫 경기의 아픔을 잊고 열심히 경기를 치렀다. 하지만 어떤 팀이 와도 잘해내리란 자신감은 미국 앞에서 또 무너졌다. 세트 스코어 0-3이었다. 팀 분위기는 완전 초상집이었다. 조용히 눈물 흘리는 선수도 있었고, 나처럼 입을 꾹 다문 채 아무 말 안 하는 선수도 있었다.

"괜찮아, 괜찮아. 8강만 해도 됐는데 4강까지 간 거잖

아. 그러니까 힘내."

누군가 괜찮다고 위로를 했지만 마음으로 와 닿지 않았다. 단 한 스코어라도 이겼다면 그렇게 위안을 삼을 수도 있었다. 하지만 완벽하게 패배했다. 새삼 내 실력이 어느 정도인지를 점검하지 않을 수 없었다. 그 생각에 이르자 생각지도 않은 눈물이 삐죽이 솟구쳤다.

'안 돼. 지금은 아니야. 아직 우리에겐 동메달을 결정할 마지막 경기가 있잖아. 울어도 나중에 울자.'

너무 속상했지만 입술을 깨물고서라도 눈물을 참았다. 아직 우리에겐 마지막 경기가 남아 있었다.

마지막 경기가 열렸다. 배구 열기만큼이나 뜨거운 8월, 런던 얼스코에서였다. 상대는 일본이었다. 그 이전의 패배 때문에 심리적 압박은 컸지만 나름 해 볼 만하다 생각했다. 다른 사람은 몰라도 난 일본에서 선수 생활을 했기에 어느 정도 실력을 알고 있었다.

"우리 일본한테까지 지면 안 되는데."

한 선수가 무심코 내뱉은 말이었다.

"일본은 리시브와 수비가 강해. 근데 신장 때문에 블로킹이 약하니까 우린 그 부분만 신경 쓰면 돼. 우리가 걔들보다 키도 크고 블로킹도 강하잖아!"

난 강점이 많다는 걸 힘줘 이야기했다. 그래야 자신감을 가지고 할 것 같았다. 모든 경기는 사실 실력도 실력이지만 심리전도 무시할 수 없었다. 선수들은 내 말에 수긍하며 다시 한 번 결의를 다졌다.

마음을 다지고 일본전을 시작했지만 첫 스코어부터 점수를 뺏겼다. 그 다음에도 자꾸만 간발의 차이로 밀렸다. 우리가 공격수 중심으로 공격한다면 일본팀은 세터 다케시다를 중심으로 다양한 공격을 해왔다. 양 팀의 분위기는 점점 극에 달했고, 경기장 분위기는 어느 때보다 격앙됐다. 선수들 감정도 많이 사나워졌다. 아마 한일전이라 더 그랬는지도 모른다. 그리고 치열한 접전 끝, 결국 한국의 패배로 끝났다.

경기가 끝나고 선수들은 힘없이 라커룸으로 갔다. 분위기는 말도 못하게 안 좋았다. 모두 하나같이 나라 잃은 표정이었다. 나도 아무리 얼굴을 펴려고 해도 펴지지 않았다. 라커룸에 들어서자마자 마른세수를 하듯 얼굴을 문질

렀다. 그때였다.

"으허허엉엉."

누군가 울음을 터트렸다. 그 소리를 들으니 그간 참았던 속상함이 북받쳐 올라왔다. 내 가슴도 울컥하면서 눈물이 솟구쳤다.

"흑흑."

"엉엉어엉."

여기저기서 흐느끼는 소리가 들렸다. 꼭 이기고 싶었던 경기였기에 더 마음이 아팠다. 라커룸은 그야말로 눈물바다가 되었다.

"괜찮아. 괜찮아. 잘했다고."

우린 울면서 서로를 안으며 위로했다. 경기 때마다 늘 한마음이었지만 한일전은 더욱 그랬다. 한동안 라커룸은 울음소리로 가득했다. 그러나 아무도 방해하는 사람은 없었다. 울고, 위로하고, 달래며 그렇게 마지막 일정을 보냈다.

올림픽 일정 마지막 날, 시상식이 열렸다. 우린 4위에 머물렀기 때문에 어떤 기대도 없이 시상식에 참여했다.

간간이 메달을 거는 선수들을 향해 박수만 열심히 쳤다.

"런던 올림픽 여자 배구 최우수 선수는……."

마지막 발표를 하는데, 속으로 부러웠다. 누군지 모르지만 얼마나 기분이 좋을까 생각하고 멍하니 앞만 쳐다보고 있었다. 그때였다.

"한국의 김연경!"

김연경? 김연경은 난데? 나 말고 또 김연경이 있나? 마이크를 타고 들려오는 내 이름이 너무 낯설어 좌우를 돌아봤다. 그런데 아무도 일어나지 않는 거였다. 그러면 김연경은?

"우아아아."

내 옆에 있던 동료들이 나를 쳐다봤다. 빨리 일어나라는 시늉을 했다. 그제야 들리는 박수소리와 환호성이 나를 향한 것임을 알아챘다.

"빨리, 빨리 나가."

감독님까지 얼른 나가라며 채근했다. 난 그제야 일어나 수상대로 갔다. 너무 얼떨떨해 바보처럼 웃음이 새어 나왔다.

"이게 뭔 일이야? 김연경 장하다 장해!"

"그래, 이 상은 김연경이 따는 게 맞지."

상을 받고 내려오자 모두가 자기 일처럼 기뻐해 주었다. 동메달을 못 따 서운해 하던 모습은 온데간데없었다. 그게 너무 고마웠고 미안했다.

"다들 고마워! 정말 고마워."

난 동료들을 돌아보며 일일이 인사했다.

"그럼 고맙다고 말로만 하지 말고 한턱 쏘시던가."

"좋아. 내가 한국 가면 한턱 쏜다!"

난 기쁨을 감추지 못한 채 계속 웃었다. 내게 일어난 일은 정말이지 꿈같은 일이었다. 보통 올림픽 최우수 선수상은 으레 금메달을 딴 국가의 선수가 받았다. 그런데 4위를 한 나라의 내가 받았으니 믿겨지지 않은 건 당연했다. 꿈의 무대였던 런던 올림픽은 그렇게 내 인생에 한 획을 그었다.

아직 끝이 아니다

결코 자신을 한계의 틀 속으로 집어넣지 말아요.
당신이 계속 꿈을 가질수록,
당신은 더 큰 꿈을 이룰 수 있어요.

_마이클 펠프스(수영 선수)

아직 끝이 아니다

"아고고. 아고."

아침에 눈을 뜨자마자 신음소리가 저절로 나왔다. 며칠 전에 멍들었던 오른쪽 어깨가 유난히 아팠다. 난 얼굴을 잔뜩 찌푸린 채 침대에서 일어났다. 별안간 어제 경기가 떠올랐다. 어제따라 다들 컨디션이 안 좋았는지 경기가 엉망이었다. 그걸 생각하니 이래저래 기분이 안 좋았다.

난 탁자에 놓아둔 노트북을 열어 인터넷으로 들어갔다. 기분이 안 좋거나 힘을 받고 싶을 때면 들어가는 곳, 내 팬클럽이다.

"오호, 이 사진 잘 나왔다."

카페에 들어가자마자 대문짝만한 내 사진이 한눈에 쏙 들어왔다. 내 몸을 다 감쌀 만한 태극기를 펼치고 코트를 날아다니는 사진이었다. 2014년 인천 아시안 게임 금메달이 결정지어졌을 때의 모습이었다. 그걸 보니 내 머릿속은 어느새 아시안 게임 때로 돌아갔다.

2014년 9월20일 인도와의 경기를 시작으로 마지막 결승전 날이 되었다. 상대는 중국이었다. 런던 올림픽 때의 설전을 기억하고 있는 터라 아시안 게임만은 꼭 금메달을 따고 싶었다. 아마 국민들도 그렇게 되길 바랐을 것이다.
반드시 금메달을 따겠다는 마음으로 경기에 임했다. 경기는 치열했다. 결승이니 중국도 호락호락하지 않았다. 그래도 두 번째 스코어까지 우리가 이겼다. 두 번을 내리져서 그런지 3스코어는 빠르게 진행되었다. 그리고 마지막 매치 포인트가 되었다. 서브권은 나에게로 왔고, 난 손으로 공을 빙빙 돌리면서 호흡을 가다듬었다. 이 포인트에서 경기를 끝내고 싶다는 마음으로 상대 진영을 살폈다. 잔뜩 긴장해 있는 상대팀의 얼굴들이 들어왔다.

"좋아! 가자."

난 돌리던 공을 위로 올리면서 앞으로 나아갔다.

탕!

손바닥에 부딪히는 소리와 함께 강한 오버핸드서브가 상대 진영으로 넘어갔다. 그 공을 받은 상대 선수는 우리 편으로 바로 공을 넘겼다.

"하나, 둘, 셋!"

관중석에서 들려오는 소리와 빠르게 넘나드는 배구공의 움직임. 한시도 눈을 뗄 수 없는 격전이었다. 그렇게 공이 몇 번 오가고 왼쪽 중앙으로 넘어가는 공을 세터가 올렸다. 그러자 바로 희진이가 상대 진영으로 강속구를 날렸다.

"우아아아아아."

관중석과 우리 선수들 사이에 환호성이 동시에 터졌다.

"여러분 대한민국 여자 국가 대표 선수들이 금메달을 땄습니다. 정말 자랑스럽고 영광스러운 순간입니다."

여기저기 터지는 환호성과 승리를 알리는 음악 소리가 쩌렁쩌렁 울렸다. 그토록 꿈꾸던 금메달을 우리가 딴 것이다. 기쁨이 하늘을 찌를 것 같았다. 웃음이 멈추지 않았다. 난 입이 귀에 걸리도록 웃으면서 태극기를 찾았다. 그리고 그 태극기를 펼쳐 들고 코트장을 뛰었다.

"와와아아아아."

내 뒤로 다른 선수들도 태극기를 펼쳐 들고 뛰었다. 그러다 내가 신호탄이 되어 바닥으로 쭉 뻗었다. 그건 언젠가 선수촌으로 찾아온 방송 리포터에게 약속했던 금메달 세리머니였다. 경기장은 관중들의 환호성과 선수들의 다이빙 세리머니로 완전한 잔치 분위기가 되었다.

사진 한 장으로 좋았던 일을 떠올리자 기분이 나아졌다. 조금 전 아팠던 어깨도 덜 아픈 것 같았다. 역시, 나를 지탱하는 힘은 나를 응원하고 사랑해 주는 팬들이었다. 난 팬들의 글을 몇 개 더 본 후 후다닥 일어났다.

아침에 늦장을 부리느라 체육관 도착이 늦어졌다. 부랴부랴 훈련복으로 갈아입고 늘 하던 대로 열심히 훈련했다. 그렇게 훈련을 마친 후 집으로 돌아갈 때쯤이었다.

"생일 축하합니다. 생일 축하합니다."

어디선가 생일 축하 노랫소리가 들렸다. 그것도 한국말이었다. 무슨 일인가 싶어 관중석을 돌아봤다.

"꺄아!"

세상에! 너무 놀라 입이 다물어지지 않았다. 귀신을 봐도 그렇게 놀라지는 않았을 것 같다. 그도 그럴게 관중석에서 한국 팬들이 촛불 켜진 케이크를 들고 나를 향해 노래를 부르고 있었다.

"사랑하는 연경짱, 생일 축하합니다."

눈물이 핑 돌았다. 가슴이 뭉클해지면서 어쩔 바를 모를 정도였다. 아무리 나를 좋아하는 팬들이라지만 그 먼 터키까지 오는 건 정말이지 힘든 일이었다.

"고마워요. 정말, 정말 고마워요."

내 입에선 고맙다는 말밖에 나오지 않았다. 내가 뭐라고 여기까지 왔나 싶어 감정이 북받쳐 올라왔다. 그런 우리의 모습을 동료들이 부러운 눈초리로 쳐다봤다. 아마 나라고 해도 그랬을 것이다. 새삼 배구 하길 정말이지 잘했단 생각이 들었다.

나는 팬들과 함께 밖으로 나갔다. 간만에 우리나라 말로 수다를 떠니 더 즐거웠다. 먹고 마시면서 깔깔 웃고 마치 한국에 있는 것처럼 신나게 떠들었다. 그러면서도 한쪽 머리에선 딱 한 가지 생각만 했다.

'앞으로도 계속 멋진 경기를 보여줄 거야. 그게 먼 이국까지 온 팬들에 대한 보답이지.'

그렇다. 그게 내 마음 전부였다. 배구는 나를 위해 존재하기도 하지만, 나의 팬을 위해 존재하는 것이기도 했다.

햇수로 딱 6년을 페네르바체에서 지냈다. 그동안 난 첫 시즌 때부터 유럽 챔피언스리그에서 우승했고, 최우수 선수로 등극도 했다. 두 차례 2014~15년, 2016~17년 터키컵에서는 정상에 올랐다. 그야말로 기량을 맘껏 뽐내며 지냈다. 그 덕에 터키에서도 날 알아보는 사람이 많았다. 가끔 동료들과 쇼핑을 가면 인기를 실감할 정도였다.

"싸인 해주세요. 싸인!"

여기저기서 사람들이 몰려와 종이를 내밀었다. 그러면 옆에 있던 동료가 말했다.

"연경, 인기 완전 많아."

"네 인기도 만만치 않아!"

"알아. 하지만 넌 정말 아낌없이 사랑을 받는 것 같아."

그녀 말이 맞았다. 정말 터키는 내게 온전한 사랑을 줬다. 제 2의 고향이라고 생각할 정도였다. 처음 동료들에게 설움 받을 때를 생각해 보면 기적과도 같은 일이었다. 그땐 하루라도 빨리 떠나고 싶었는데…….

그런데 어느새 6년이 흘렀고, 터키리그 챔프 결승전까지 마치게 되었다. 다시 재계약 문제가 남은 시점이었다.

여기저기서 인터뷰 요청이 들어왔다.

"이제 자유계약 신분이 되었는데 앞으로의 계획은 뭔가요? 혹시 이적할 곳은 생각해 두었나요?"

"지금 여러 가지로 고민 중입니다. 페네르바체는 이제 완전히 익숙해져 있지만 사실 훈련 일정이 너무 힘들어 조금 쉬고 싶은 맘도 있어요."

"그럼 중국 상하이 팀으로 결정했나요?"

"아직 결정은 안 했구요. 다만 중국은 일단 우리나라와 가깝다는 이점과 또 이곳 터키만큼 경기 일정이 많지 않아 휴식을 취할 수 있다는 것에 끌리기는 해요. 무엇보다 앞으로 2020년 올림픽을 뛰려면 몸 관리를 해야 하니까요. 그런데 문제는 중국이 또 처음이라 어떨지 모르겠어요. 결정되는 대로 말씀 드리겠습니다."

내 맘은 인터뷰 내용 그대로였다. 정해진 거 하나 없이 이것저것 생각해 보고 있는 중이었다. 사실 익숙해진 것으로 따지면 페네르바체가 편했지만, 그대로 안주하기엔 뭔가 석연찮았다.

난 인터뷰를 마친 뒤 집에 전화를 걸었다. 갈등이 생길 때마다 부모님과 통화하고 나면 숨통이 트이는 것 같았다.

"엄마는 어떡하면 좋겠어?"

"니 맘이 중요하지. 니가 더 하고 싶은 곳으로 가서 해. 그래야 후회가 안 남는 법이여. 그건 내가 굳이 말하지 않아도 알지? 엄마는 너 믿는다."

엄마 말이 맞았다. 뒤돌아보면 난 후회 없이 살기 위해 노력했다. 매번 갈등의 순간에도 진짜로 내가 원하는 쪽으로 움직였다. 그리고 나니 후회도 여한도 없었다. 나를 믿는다는 건 그런 거였다.

며칠 동안 여러 가능성을 두고 고민했다. 그리고 결정을 내렸다. 곧 바로 에이전시와 계약을 체결하고 기자회견 장소로 갔다. 많은 기자들이 내 발표를 기다리고 있었다.

"중국 상하이로 가겠습니다."

발표를 기다리던 기자들의 카메라 플래시가 여기저기서 터졌다. 노트북 자판기 두들기는 소리도 들렸다. 그중 한 기자가 손을 번쩍 들었다.

"이제 익숙한 페네르바체와 견주어 중국 상하이는 다

시 적응하려면 힘들지 않을까요?"

"네. 맞습니다. 하지만 도전만이 저를 성장시킨다고 생각합니다. 힘들더라도 저는 도전할 겁니다. 저는 저를 믿으니까요."

여태까지 그래왔다. 작은 키로 늘 벤치 신세였어도, 실력이 갖춰져 프로에서 뛸 때도 나는 내 실력을 키우는 일이라면 무조건 덤볐다. 다른 사람들 눈엔 무모하게 보일지라도 그 선택이 최선이었다. 그건 오랜 세월 동안 딱 한 마음으로 달려왔기 때문이다.

난 나를 믿는다.

오로지 나 하나를 믿으며 여기까지 숨차게 달려왔다. 설령 잠깐의 실패가 있다 하더라도 그게 좋았다. 앞으로도 마찬가지다. 어떤 어려움이 따르더라도 나는 나를 믿을 것이다. 그것이 내 미래이자 현재다.

인터뷰를 마치고 돌아가는 길, 마음만은 그 어느 때보다 가벼웠다. 세상을 자유롭게 날기 위해 날개를 활짝 편 한 마리 나비가 된 것 같았다. 그럼 그걸로 됐다. 모든 게 준비됐으니 이제 내 꿈을 펼칠 또 다른 세상으로 날아가

보는 거다. 그래! 더 멀리, 더 높이 훨훨 날아 보자.
　나는 아직 끝이 아니다.

작가의 말

"우우와아아아!"

경기장 안으로 들어서는 순간, 관중석에서 들려오는 함성 소리가 귓속을 가득 메웠어요. 그 소리를 듣는데 기분이 이상했어요. 몸이 찌릿찌릿하면서 가슴도 쿵쿵 뛰었어요. 당장에라도 선수들이 몸을 풀고 있는 경기장 안으로 뛰어 내려가고 싶을 정도로 흥분 되었죠. 그리고 그 흥분은 경기가 시작될 때부터 끝날 때까지 계속 되었어요.

2017년 7월 월드그랑프리 세계여자배구대회가 수원경기장에서 열렸어요. 몹시 더운 여름이었고 그날은 비까지 내려 굉장히 후덥지근했죠. 사람들은 바깥 매표소부터 경기장 안까지 가득 찼고, 자리가 없어서 서서 관람하는 사람들도 아주 많았어요. 그리고 서서 관람하는 사람 중에는 저도 있었답니다. 태어나서 처음으로 보러 간 배구 경기였는데 말이에요.

하지만 하나도 힘들지 않았어요. 경기를 하는 두 시간 내내 서서 경기를 봤지만 다리가 아프기는커녕 오히려 신이 났어요. 앉아 있었더라면 오히려 서운했을 만큼 그날의 경기는 짜릿하고 재미있었어요. 아마 평생 못 잊을 인생 경기가 될 거예요.

많은 것들이 그래요. 아는 만큼 보이고, 아는 만큼 재미를 느껴요. 배구도 마찬가지죠. 거기다 좋아하는 배구 선수가 있으면 더 재미있어요. 저도 좋아하는 배구 선수가 있어요. 누구냐고요? 바로, 많은 사람들에게 배구의 여제라고 불리는 김연경 선수랍니다.

사실 김연경 선수에 대한 마음은 좋아한다는 말보단 '존경'이란 감정이 더 커요. 존경이란 단어를 사전에서 찾아보면 '남의 인격, 사상, 행위 따위를 받들어 공경한다.'고 나와 있어요. 그리고 우리가 주로 '존경'이란 단어를 쓸 땐 윗사람을 공경하고 싶을 때 주로 쓰죠. 그렇다면 김연경 선수가 나이가 많을까요? 아니요. 많지 않아요. 나이는 제가 훨씬 더 많아요. 그런데도 감히 존경한다는 말을 하는 건 김연경 선수가 살아온 삶을 동화로 쓰면서 시작

됐어요.

　김연경 선수가 경기장에서 경기를 치르는 모습, TV나 언론 매체에서 나오는 모습을 보았어요. 때론 어여쁜 여자로 보였다가, 개구쟁이 소녀로 보였다가, 또 때론 당당한 여제의 모습으로도 보였지요. 하지만 선수로 살아온 삶을 들여다보고 알게 되었어요. '존경'이란 말을 쓰고 싶을 만큼 치열하고 열정적으로 살아왔다는 것을요. 자신이 좋아하는 배구를 위해 최선을 다하며 살아왔는데, 그 모습 자체가 감탄이 나올 만큼 훌륭했어요.

　동화를 쓰는 동안 즐거웠어요. 제가 좋아하는 사람의 삶을 다른 누구보다 먼저 가깝게, 더 긴밀히 들여다볼 수 있는 기회가 주어졌으니까요. 그건 큰 행운이었어요. 가끔 글을 쓰면서 부족한 나 자신을 발견하고 힘들 때가 있어요. 그땐 어떤 힘든 상황에서도 좌절하지 않고 꿋꿋이 실력을 키웠던 김연경 선수의 모습을 떠올리며 힘을 얻었어요. 안 좋은 상황이 생길 때도 마찬가지였어요. 어떤 상황에서도 긍정적인 마음으로 상황을 개선해 나가는 김연경 선수를 보며 그 정신을 배우기도 했어요.

김연경 선수는 여전히 꿈을 향하여 끊임없이 도전하고 있어요. 그러니 앞으로 또 얼마나 멋진 모습을 우리에게 보여줄지 기대가 돼요. 어쩌면 지금보다 우리에게 더 많은 꿈과 희망, 사랑을 심어줄지도 몰라요.

　그러니 여러분! 배구를 좋아하든 좋아하지 않든 이번 기회에 김연경 선수를 만나 보는 건 어떨까요? 실제 경기장에서나 텔레비전에서 만날 수도 있지만 조용히 책을 통해 마음으로 만나게 되면 기분이 또 다를 거예요.

　이 책을 통해 김연경 선수를 알게 되면 눈에서 하트 뿅뿅이 자동 발사될지도 몰라요. 거기에다 진짜 좋아하는 일, 앞으로 하고 싶은 일을 발견할지도 모르구요. 꿈이 있는 친구들은 김연경 선수가 꿈을 이루기 위해 어떻게 꿈을 만들어 갔는지도 볼 수 있을 것 같아요. 그리고 이건 비밀인데요. 사실 김연경 선수는 여러분과 친구가 되고 싶대요.

　여러분, 친구가 되어 줄 거죠?

임지형

감수의 글

여러분은 어떤 꿈을 꾸고 있나요? 가수, 과학자, 프로 게이머, 경찰 등등 우리는 누구나 꿈을 그릴 수 있지만, 모든 사람이 꿈을 이룰 수 있는 건 아니에요. 꿈은 계단과 비슷해서 하나씩 하나씩 '나 스스로 딛고 올라서는 과정'이 필요하거든요. 그렇다고 독불장군처럼 '나 혼자만' 잘한다고 꿈을 이룰 수 있는 것도 아니에요.

꿈은 나와 함께하는 사람들과 협력하면서 조금씩 변하기도 발전하기도 해요. 친구와 함께 놀이를 하거나 숙제를 할 때, 여러분도 곁에 있는 단짝 친구와 도움을 주고받는 경우가 있잖아요. 마찬가지로 꿈도 놀이나 숙제와 비슷한 면이 있어요. 어떤 때는 정말 즐겁다가 또 어느 때는 잘 풀리지 않아서 속상할 때도 있답니다. 그럴 때 마음이 통하는 엄마나 아빠, 친구로부터 힘을 얻기도 하지요.

저는 지금도 간혹 힘겨울 때가 있어요. 몸이 아프거나

계획했던 일이 생각처럼 잘 이루어지지 않을 때, 기운이 쏙 빠지곤 했는데요. 그럴 때마다 저는 어릴 때 마음에 새겨놓은 '처음의 꿈'을 떠올려요. 배구가 정말 하고 싶어서 '꿈에서도 꿈을 꿀 때'가 있었거든요. 다른 선수보다 키가 작아서 어려움을 겪기도 했고, 체력도 모자라서 힘에 부쳐 쓰러질 때도 많았어요. 그때마다 마음속으로 '쓰러질 수도 있어. 실수할 수도 있고. 그리고 때론 질 수도 있어. 하지만 제일 중요한 건, 그런 다음에도 다시 일어나는 거야!'라고 되뇌었어요.

어린이 친구 여러분도 꿈을 향해 걷다 보면 때로 어려운 일과 마주할 거예요. 그럴 때 이 책에 담아 놓은 '용기와 희망의 이야기'가 도움이 되었으면 좋겠어요. 제 이야기를 멋진 동화로 써주신 임지형 작가님에게 고마운 마음을 전하면서, 여러분의 푸른 꿈을 언제나 응원할게요!

김연경